スクリーニング YOSS 実践ガイド

児童生徒理解とチーム学校の実現に向けて

山野則子 監修　三枝まり／木下昌美 著

明石書店

はじめに

　子どもたちをめぐる環境は、コロナ禍を経て、不登校の激増、虐待や子どもの貧困のみならずヤングケアラーの課題も表面化されることで認識されるようになり、ますます厳しい状況になっています。つまり表面化しにくい見えない課題がコロナによって浮き彫りになってきたともいえます。こども食堂や居場所がNPOやボランタリーな地域人材によって繰り広げられるようになり、どんどん増加しています。しかし、支援の必要な子どもが適切に資源につながっていないのが現状で、気づかないまま深みにはまっていっているのです。誰一人取りこぼさない社会の実現には、このまま今までの方法を維持し、支援人材や支援場所の不足のみ唱えていても何も子どもたちの現状は変わりません。この現状を少しでも打開するために、乳幼児期におけるスクリーニングの仕組みを学齢期にももたらそうと考えました。乳幼児期には、全乳幼児を対象とした定期健診が存在し、必要な項目を定期的にチェックするスクリーニングシステムが確立されています。この仕組みを学齢期に応用し開発したのが、学校版スクリーニング「YOSS [1]」(Yamano Osaka Screening System)です。この子どもたちの状況を少しでも改善するために、大きな負担ではなく小さな工夫で大きな力を生む方策、一人ひとりが「できることから」ともに始めてみませんか。

---

1) 登録商標第 6355224 号

そんな思いで開発してきたYOSSをより効果的に活用していただくことを目的として、この『学校版スクリーニングYOSS実践ガイド』を作成いたしました。この書籍は、このYOSS実践ガイドに基づき行うスクリーニング会議や校内チーム会議の具体的な内容と手順を示したものです。スクリーニング・システム[2]とは、すべての子どもから早期にリスクを拾い上げ、早い段階で支援につなぐためのものです。問題が重篤化する前にすべての子どもたちから潜在化されたリスクを拾い、適切な支援につなぎます。

　第1章では、今の学校にスクリーニング・システムYOSSが必要とされる背景を示します。第2章では、YOSSの効果と特長を紹介し、YOSSの全体像を説明したうえで、児童生徒や教職員への効果を説明しています。第3章では導入の手順として、学校における手順、教育委員会における手順を区別して解説しています。第4章では、実際に学校現場でYOSSを実践する手順をポイントを用いて解説し、「スクリーニング会議」と「校内チーム会議」の違いについても詳しく説明し、まとめを入れています。第5章では、YOSSをよりスムーズに実践していただくためにスクリーニング会議の3事例、校内チーム会議の3事例のシナリオを取り上げ、模擬体験をすることで具体的な学習ができるようにしています。第6章では、実践の際に生じる可能性がある疑問点に対し、Q＆Aの質疑応答の形式で解説を加えています。また、第5章の内容をよりわかりやすく理解していただけるよう、「スクリーニング会議の意義」「スクリーニング会議」「校内チーム会議」「ファシリテーションの技術」

2）特許第7450304号

などについて、テーマごとに『YOSS実践解説動画*』を作成いたしました。こちらも、あわせてご活用ください。

　ぜひ、YOSSを活用し、学校内の教職員でチーム体制をつくり、地域や専門機関と連携が容易になることで、支援や対応が必要な子どもたちを誰一人取り残さないことを、子どもたちの最善の利益を保障することをともに取り組んでいきましょう。

大阪公立大学現代システム科学研究科 教授

スクールソーシャルワーク評価支援研究所 所長

山野　則子

*『YOSS実践解説動画』制作にご協力いただいた方々
　・YOSS活用契約自治体のみなさま
　・2023年度YOSS活用ZOOM定例研修会にご参加いただいたみなさま
　・（株）ひとまち　ちょんせいこさん
　・大阪狭山市教育委員会のみなさま
　・大阪狭山市立小中学校の先生方
　・大阪府立大学人間社会システム科学研究科博士後期課程　田中佑典さん
　・山野研究室スクコアメンバー　渡辺実子さん　神谷直子さん

◇動画視聴の方法
　右下のQRコードを読み取りユーチューブ上でご視聴ください
　（第5章に関連する内容が動画で視聴できます）

目　次

第1章

今の学校に
スクリーニングシステム
YOSSが
必要とされる背景

虐待・貧困・ヤングケアラー・いじめ・不登校など、児童生徒を取り巻く課題は表面化しにくいため、従来の学校の仕組みでは的確にキャッチ・対応することが非常に困難です。

多くの学校現場は疲弊しており、以下のような課題が生じています。児童生徒の抱える問題は複雑化しており、多くの学校は疲弊していることから、学校の仕組み自体の改革が必要です。その改革に効果的なのが、本書でご紹介する学校版スクリーニング Yamano Osaka Screening System （以下、YOSS）です。

YOSS の開発目的

児童生徒の表面化されにくいリスクや変化にいち早く気づき、潜在的に支援が必要な児童生徒に対し適切な支援を行う。

YOSS のキーワード

- 適切な支援につなぐための迅速な識別
- データに基づく複数人による議論
- 支援の方向性の決定

YOSS の特長

① 教職員の負担感なく実施できる
② 万全な個人情報保護体制
③ 山野研究室によるサポートを受けることができる

1 ｜ 学校現場の抱える課題と「学校」という組織の重要性

<u>課題1：教職員の主観的な基準・判断により児童生徒のリスクが見逃される</u>

　現状、多くの学校現場では**気になる児童生徒の発見**や**児童生徒への対応方法**を考える際、**教職員の経験・知識に基づく主観的な判断**に頼らざるを得ないのが実情です。

　判断基準が統一されていないため、教職員によって**気になる児童生徒**が異なってしまいます。また、同じ児童生徒に注目したとしても、教職員が異なれば、**児童生徒への対応方法**も変わってきてしまいます。これは教職員個々が持っている「見えない重責」の1つになり、学校組織全体の課題ともいえます。

　さらに、すべての児童生徒を対象として複数人で検討する機会はあまりなく、注目すべき児童生徒の基準も統一されていないため、**潜在的に支援が必要な児童生徒**が埋もれてしまう可能性があります。とりわけ、児童生徒の家庭環境（隠れた虐待など）といった、学校内では見えにくい問題については、特に**見逃しのリスク**が高まります。

<u>課題2：「ちょっと気になる児童生徒」について、担任等が一人で抱え込む</u>

　気になる児童生徒を発見していても、担任等が一人で抱え込むケースもあります。要保護児童対策地域協議会にあがっている児童生徒など、明らかに高いリスクを持つ児童生徒であれば、教職員間で共有はされや

すいです。しかし、例えば「給食をよくおかわりする」など、**ちょっと気になる**程度の児童生徒への対応については、気軽に相談できる機会がなく、担任等が一人で抱え込み、日々の忙しさの中で対応されずに見過ごされてしまう可能性があります。

課題3：情報共有はされても、支援策の組織的な決定・実践には至らない

多くの教職員の方々は、児童生徒理解のために、定期的に会話を交わし情報を共有しています。しかし、情報共有はするものの、その先の「支援策を決定する」「支援策を実践する」までは至らないケースが多いといえます。その要因としては、学校は教育機関であるゆえ、リスクが低いと判断される児童生徒については「あくまで家庭の問題」と判断してしまうこと、活用できる地域資源を把握していないこと等があげられます。

ここまで述べてきたように、学校は様々な課題を抱えており、疲弊しています。「新しいシステムを導入する余裕もない」と感じる方もいるかもしれません。しかし、**すべての学齢期の子ども**を把握しているのは「学校」という組織だけです。教職員の方々の「ちょっと気になる」児童生徒を取りこぼさずキャッチし、**子どもの最善の利益**を守るためには、「学校」が非常に重要な立ち位置にあるのです。児童生徒の細かな変化も取りこぼさず早期にキャッチし、適切に対応していく仕組みが、学校版スクリーニングなのです。

2 │ 学校版スクリーニングシステム「YOSS」の概要

　児童生徒を取り巻く様々な課題に対する**早期発見・早期対応**のための取組みとして、近年**学校版スクリーニング**が注目されています。

　スクリーニング（Screening）とは、和訳すると「ふるい分け」や「選別」といった意味です。

　例えば定期的に実施される「乳幼児健診」も、スクリーニングの一種です。自治体の保健部門では、すべての子どもを対象とした乳幼児健診のあと、短時間で暫定的に保健・心理・医療・栄養などの専門職者が合議で**支援の方向性**を決定します。この場合の**支援の方向性**は大きく分けて3つ（保健師の個別支援・地域の子育てサークルなどを活用した支援・病院や児童相談所など専門機関による支援）があります。

　このような仕組みを学校に応用し開発されたのがYOSSです。

学校版スクリーニングの定義

　すべての児童生徒を対象として**気になる子**をピックアップし、適切な支援や対応に**振り分ける**こと。

　YOSSは、児童生徒の表面化されにくいリスクや変化にいち早く気づき、潜在的に支援が必要な児童生徒への適切な支援を行うことを目的に開発されました。

　「教職員の個人的な基準」ではなく「一律の指標」を用い、学校職員

間において情報共有、そして**支援策の決定**を行うシステムを構築することができます。

　もちろん、数値的な指標のみにとらわれるのではなく、教職員の方々がこれまでの経験で培ってきたノウハウを活かすことも大切です。そのため、YOSSでは**複数人の目でチェック**、**複数人で議論**する仕組みが組み込まれています。

　さらに、より実証データに基づいたスクリーニングを実施するために、YOSSはAI機能を搭載した**クラウドシステム**で実施することもできます。

3 ｜ 国の動きと文部科学省による学校版スクリーニングの推進

　2015年教育再生実行会議における部会から、「チームとしての学校」（以下、チーム学校）と「学校と地域の効果的な連携・協働推進体制」の関係図が示されました。

　こういった国の動きを受け、文部科学省は2017年1月に「児童生徒の教育相談の充実について～学校の教育力を高める組織的な教育相談体制づくり～」を取りまとめました。この報告書は、**すべての児童生徒を対象として検討を行い、気になる事例を早期に複数メンバーで洗い出すスクリーニング会議の定期的な実施**と**支援・対応策を検討するためのケース会議の実施**の必要性を示しています。

　2017年4月には、「学校教育法施行規則の一部を改正する省令」により、新たに学校職員としてのスクールカウンセラー（以下、SC）及びスクールソーシャルワーカー（以下、SSW）の職務を学校教育法施行規則

に規定しました。

　文部科学省が提示した2017年「児童生徒の教育相談の充実について〜学校の教育力を高める組織的な教育相談体制づくり〜」において、スクリーニングが言及されています（下図「学校・家庭・地域をつなぐ仕組みづくりとその制度化」）。また2021年度には文部科学省がスクリーニングモデル自治体において予算化を行うなど、よりスクリーニングの重要性が取り上げられ、推進されています。

学校・家庭・地域をつなぐ仕組みづくりとその制度化（例：各会議の定例化）

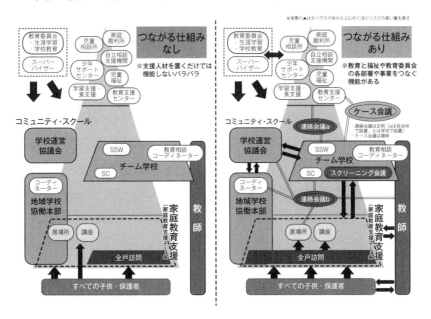

出所：山野則子（2012）「家庭教育支援の推進方策に関する検討委員会」文部科学省／山野則子（2017）「教児童生徒の教育相談の充実について〜学校の教育力を高める組織的な教育相談体制づくり〜」文部科学省、P.28

2022年度には、文部科学省「生徒指導提要」において、スクリーニングが**予防的生徒指導**として言及されています。「生徒指導提要」では、欠席日数、遅刻・早退の回数、保健室の利用回数などスクリーニングにかける際の基準を決めておくことと、担任以外も対象の児童生徒を認識しておくことで、担任の抱え込みなどによる支援の遅れを防ぐことができることなどが述べられています。

　痛ましい児童虐待事案の発生を契機として、2019年5月に文部科学省が作成した「学校・教育委員会など向け虐待対応の手引き」においても、「〜スクリーニング会議を通じた早期発見・早期対応〜」として、大阪府立大学（現・大阪公立大学）と自治体によって確立してきた学校版スクリーニングが紹介されています。

第 2 章

YOSS の効果と 特長

1 │ YOSSの全体像

（1）YOSSの大まかな流れ

ポイント

> ● YOSSを活用することによって、教職員は**児童生徒理解**を深めることができます。
>
> ● YOSSに基づきSC・SSWなどの専門職者と協働することで、児童生徒の抱える**リスクの早期発見・早期支援・予防**につながり、すべてのステークホルダーの負担が軽減され、チーム力UPが実現できます。
>
> ● YOSSは教職員の負担を増加させることなく実施することができ、また個人情報の保護体制も万全です。
>
> ● さらに、後述する**YOSSクラウドサービス**を利用することによって、より強固なセキュリティ環境でスムーズにYOSSを活用することができます。

①スクリーニングシートの記入 → 児童生徒の現状を見える化

● 教職員はスクリーニングシートにすべての**児童生徒**を対象に、様子・行動・環境などを記載します。担任等だけで記入するのではなく、複数の教職員が記入していきます。

● シートでは基本的に、各項目について「気になる（1）」「特に気になる（2）」の2段階で記入していきます。

YOSS の 5 つの円環的ステップ

必要に応じて
未就学児のデータから
申し送り

専用のスクリーニング
シート

1 教職員が
シートに記入

2 スクリーニング
会議

職員会議・学年会等
で議論
（1学年10分〜30分）

5 取り組みの
評価

4 支援の実践

3

校内チーム
会議

〇〇委員会で議論
（1事例30分）

※各学校に存在する、子ども理解委員会
やいじめ不登校委員会、特別支援委員
会などを活用する

出所：山野則子研究室「スクリーニング活用ガイド」(2019)
＊YOSS の具体的な進め方：第 4 章 YOSS の実践プロセス（P.45 〜 63）

②**スクリーニング会議の実施　→　暫定的な支援の方向性の決定**

● **スクリーニング会議**では、記載されたスクリーニングシートを参照
し、次の**校内チーム会議**にあげるべき児童生徒の抽出と、その児童
生徒に対して行う**暫定的な支援の方向性**を**複数人で協議し決定**しま
す。学年会議や低学年会議・中学年会議・高学年会議など、既存の
会議を有効活用して実施する学校もあります。

● **暫定的な支援の方向性**はA・B・Cの3つに分類します。

A）校内支援

　…担任や養護教諭など、学校内の教職員が児童生徒に対して支援を行う。

B）地域資源活用

　…こども食堂や学習支援など、学校外の地域資源を活用し支援を行う。

C）専門機関の活用

　…児童相談所などの学校外の専門機関を活用し支援を行う。

③校内チーム会議の実施

→　具体的な支援の方向性の決定と役割分担

● **スクリーニング会議**で**校内チーム会議**に上げるとなった児童生徒の**具体的な支援の方向性**と役割分担を、**複数人**で**協議し決定**します。参加メンバーは担任、学年主任、養護教諭、特別支援担当、管理職などに加え、SCやSSWなど専門的な視点を持つ専門職も参加します。個々の児童生徒の支援を検討し、誰が何を行うのか、役割分担を明確化します。

● 特にリスクの高い児童生徒など、より深いアセスメント（見立て）や支援の検討が必要な場合は、この校内チーム会議で検討するのではなく、別途、個別の**ケース会議**を開催することを決定します。

④支援の実践

● 支援が必要であると判断された児童生徒に対して、決定した**支援の方向性**に基づき具体的な支援を行います。

● **支援の方向性**のうち、「A校内支援」の児童生徒については、校内で教職員を中心に対応します。「B地域資源」の児童生徒については、例えばSSWが児童生徒と一緒にこども食堂へ行くなど、地域資源の利用促進を図ります。「C専門機関」の児童生徒については、要保護児童対策地域協議会との連携など、専門機関を活用し、自治体の業務フローに基づく対応を実施します。

⑤**取組みの評価**

● 教職員が児童生徒にヒアリングするなどして支援の結果や状況を把握し、スクリーニングシートに情報を記入します。その後、次のスクリーニング会議や校内チーム会議の場で結果の共有を行い、児童生徒の情報の更新もあわせて行います。

● 児童生徒の変化を確認し、何が効果的であったかを検討し、うまくいかなかった場合は次のスクリーニング会議や校内チーム会議の場で**支援の方向性の再検討**を行います。

● 取組みの効果が得られた場合には、児童生徒の生活の改善だけでなく、教職員の自信の向上につながります。

● 効果が得られない場合も、新たな**支援の方向性の再検討**ができるため、児童生徒への継続的かつ効果的な支援が可能となります。

YOSSは、学校・地域資源・専門機関の3種の機関が知見や役割を共有し合いながら、**子どもの最善の利益**につながる最適な支援を検討・実践することを可能にします。

(2) YOSS のキーワード

- 適切な支援につなぐための**迅速な識別**
- データに基づく**複数人による議論**
- **支援の方向性**の決定

　YOSS では、児童生徒一人ひとりの欠席日数・身だしなみ・家庭環境などの情報を教職員がスクリーニングシートに点数式で記入します。一人の教職員がすべて記入して検討するのではなく、特別支援担当・事務員・養護教諭など、複数の教職員が記入を行います。チェックしたデータに基づき**複数人**による**議論**から実行可能な**支援の方向性**を**決定**することが可能となります。

　複数人の目から客観的なデータに基づい**て迅速な識別**を行うことは、潜在的に支援の必要な児童生徒の取りこぼし防止につながります。

(3) YOSS クラウドサービスの強み

　当初 YOSS はエクセルで開発していましたが、「校内チーム会議にあがる児童生徒の割合が少ない」「教職員だけでは支援の方向性を決定できない」といった課題がありました。これらの課題を解決し、子どもたちにより適切な支援を届けるために、大阪公立大学山野則子研究室はパナソニック コネクト株式会社と協力して「YOSS クラウドサービス」を開発しました。

● プレスリリース「すべての子どもたちの潜在的な SOS を早期にキャッチし適切な支援につなげる『YOSS クラウドサービス』を 2022 年 12 月 1 日から提供開始」

https://www.omu.ac.jp/info/research_news/entry-03237.html

| スクリーニング会議 | | | | | 支援の方向性 | | | | | | | | | | | | | | | | | | | | |
| 子どもの背景 | 校内 | | AI | | A 教職員の関与 | | | | | | | | B 地域資源の活用 | | | | | | | | C 専門機関の活用 | | | | |
	チーム会議にあげる	支援の方向性、ワンポイント	チーム会議にあげる	支援の方向性	①担任	②生徒指導や支援	③養護教諭	④特別支援担当	⑤学年団	⑥SSWを活用	⑦SCを活用	⑧その他	①家庭教育支援	②学習支援	③居場所・こども食堂等	④単発の事業	⑤地域人材	⑥学童保育	⑦地域の福祉サービス	⑧その他	①家庭児童相談室・児相	②少年サポートセンター	③教育センター	④福祉制度	⑤その他
	□	□	□	□	□	□	□	□	□	□	□	□	□	□	□	□	□	□	□	□	□	□	□	□	□
			1	A,B,C	▼	▼	続	▼	▼	▼	▼	▼	▼	▼	続	▼	▼	▼	新	▼	▼	▼	▼	▼	▼
			0			▼	▼	▼	▼	▼	▼	▼	▼	▼	▼	▼	▼	▼	▼	▼	▼	▼	▼	▼	▼
熟練者知識ベース			0		▼	▼	▼	▼	▼	▼	▼	▼	▼	▼	▼	▼	▼	▼	▼	▼	▼	▼	▼	▼	▼
			0			▼	▼	▼	▼	▼	▼	▼	▼	▼	▼	▼	▼	▼	▼	▼	▼	▼	▼	▼	▼
			0			▼	▼	▼	▼	▼	▼	▼	▼	▼	▼	▼	▼	▼	▼	▼	▼	▼	▼	▼	▼

出所：YOSS クラウドサービス（Panasonic CONNECT）

YOSS クラウドサービスの概要

● AI によって**熟練者の判断**が提案される

　YOSS クラウドサービスは、SSW 熟練者の知識をベースとした AI モジュールを搭載しています。熟練者の思考や暗黙知（個人の経験や勘に基づく、簡単に言語化できない知識）が AI に組み込まれており、AI によって**校内チーム会議にあげるかどうか**、**支援の方向性**が提案されます。

YOSSクラウドサービスを利用するメリット

● 各教職員が並行してシートに入力しやすくなる

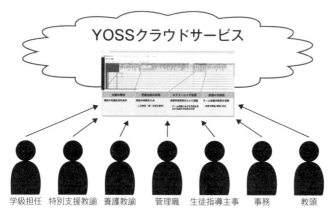

YOSSクラウドサービスは、複数の教職員で
協力してスクリーニングの入力が可能です。

　クラウド上でデータを入力するため、複数の教職員がそれぞれの空き時間を活用してスムーズに入力していくことが可能となります。

● 新たな視点で判断することができる

　YOSSクラウドサービスで**AIによる提案**を活用している教員の方々からは、

「気づかない子どもに気づくようになった」

「そういう支援があると気づいた」

「支援を知ってみようと思ったり、やってみようと思えた」

といった感想が届いています。

● 記録の保存や情報の引き継ぎが簡単にできる

　教師の議論なども含め記録を保存し、経年で数値や記録を見ることができます。学年が上がっても簡単に引き継ぎしていけます。

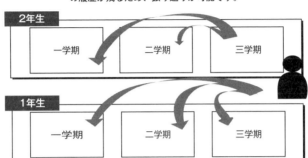

YOSSクラウドサービスは、学期／学年ごとの履歴が残るため、振り返りが可能です。

● 個人情報の保護体制が万全である

　YOSS クラウドサービスは、情報漏洩などが生じないよう、情報の暗号化などを活用し強固なセキュリティのもと運用されています。

● 他システムとのデータ連携（実装予定）

　文部科学省からは、次世代校務DX（デジタルトランスフォーメーション）として、校務系システム・学習系システムクラウド化に加えて、ネットワークの統合化も今後は必要であるという指針が出されています。

　個人情報保護の観点から「児童生徒の情報を守る観点」が強いのが現状ですが、今後データ利活用は、「児童生徒たちの生活や学びを守る観点」へと向かいます。

文部科学省の指針を受け、YOSSクラウドサービスは、校務支援システムとのデータ連携機能を開発するなどして、今後さらに使いやすいサービスへとアップデートしていく計画です。

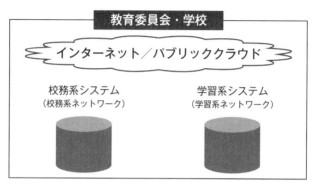

出所：文部科学省「GIGAスクール構想の下での校務DXについて ～教職員の働きやすさと教育活動の一層の高度化を目指して～」（2023）

2 | YOSSの効果

（1）学校の状況が好転した実例

- 不登校児童生徒数が3分の1に減少
- 遅刻・早退が7割改善
- SSWやSCが関与した結果、学費の未納が84％改善
- 複数の教職員が関与した結果、児童生徒の保健室の訪問回数が64％改善
- 校内チーム会議にあげた結果、児童生徒間の友人関係が50％改善
- 学校組織として支援内容の決定スピードが10倍近く向上

　山野研究室がYOSSを活用している学校のデータを分析した結果、上記のような効果が数字として明確に表れました。

　YOSSは、「児童生徒に良い・学校に良い・地域に良い」と「三方良し」な効果をもたらします。身近な地域資源（こども食堂・学習支援・居場所支援など）の活用により、児童生徒は地域資源に気軽に参加でき、地域は必要な児童生徒に支援を届けることができます。YOSSを活用することにより、地域との連携が活性化します。

（2）YOSSが児童生徒へもたらす効果

● 積極的な校内チーム会議の活用による「遅刻・早退」の改善

　下の表は、YOSSを先進的に導入しているA市と他市の比較表です。A市では、校内チーム会議にあげた児童生徒の人数が、児童生徒総数の30％を超えています。積極的に「ちょっと気になる子」を校内チーム会議にあげ、支援対象となった児童生徒の**具体的な支援の方向性を決定**し、支援を実践した結果、遅刻・早退が64％改善されるなど、数値に効果が表れました。

	2018年度	2020年度	
	A市（先進）	B市	C市（一般的）
総数	322	718	621
チーム会議にあげた人数	120	55	3
あげた割合	37.3%	7.7%	0.5%
遅刻・早退の好転率	64.3%	19.0%	―

出所：沖縄子供の貧困緊急対策事業 分析・評価・普及事業 調査報告書（2020）

● 不登校の割合の改善

　下の表は、YOSSを導入している関西のある小学校の事例です。

　一般的には、問題が表面化・深刻化したのちに、教育支援センター・児童相談所などの専門機関に相談を行います（C：専門機関の活用）。

　この小学校ではYOSSの活用によって、〈C：専門機関の活用〉が必要な児童生徒だけでなく、〈A：校内支援〉や〈B：地域資源の活用〉を必要とする児童生徒の存在が明確になりました。「実は支援が必要な児童生徒」を早期発見・早期対応したことで、不登校児童生徒の割合が顕著に改善されました。

個々の長欠日数の変化（関西のある小学校）

	2016年度 ➡	2017年度
6年男児	欠席105日 ➡	欠席2日
2年男児	欠席92日 ➡	欠席3日
5年男児	欠席46日 ➡	欠席13日
4年女児	欠席191日 ➡	欠席98日
4年男児	出席26日	出席48日

連続7日の長欠報告書の数

2016年度：年間92枚
（1か月あたり8.36枚）
↓
2017年度：年間30枚
（1か月あたり2.73枚）

出所：大阪府立大学スクールソーシャルワーク評価支援研究所「つなぎびと」（2019）

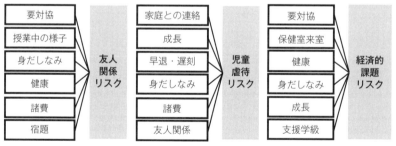

出所：山野則子研究室「スクリーニング活用ガイド」（2019）

● 潜在的なリスクの早期発見

　YOSS のデータを詳しく分析すると、YOSS の活用によって、児童生徒の抱える表面化しにくいリスク（友人関係のリスク・児童虐待のリスク・経済的課題のリスクなど）の早期発見につながることが明らかとなりました。YOSS の仕組みは、自ら声を上げづらい子どもたち一人ひとりへ、適切な支援を提供することに貢献します。

(3) YOSS が教職員へもたらす効果

● **児童生徒の些細な変化**に気づくことができる

　スクリーニング会議を学期に一度継続的に行うことで、**児童生徒の些細な変化**に気づき、そのつど、児童生徒の現状の見直しができます。このことで、変化し続ける状況にマッチした支援を行い、状況改善を実現することが可能となります。

● **児童生徒理解**が深まる

　YOSS のサイクルを実践することで一人ひとりの児童生徒と向き合う機会がおのずと増え、教職員の**児童生徒理解**が深まります。

● 地域資源を知ることができる

　教職員が〈B：地域資源の活用〉を検討することは、地域資源の存在や活用の仕方を知るきっかけとなり、**支援の方向性の決定**や確実な支援の実行が可能となります。

〜YOSSを活用する教職員を対象に行ったアンケート調査の分析結果から〜

● 協働力UP

　YOSS活用前は「他の人の意見を聞くことで自分の知識が増える」と感じている割合が28%だったのに対し、活用後は47%に増加しました。

● 発言力UP

　「自分の受け持ちでない児童生徒について会議の場で意見をいう程度」についても、YOSSを活用した後では、すべての職種において意見をいう割合が上昇しています。教職員間で活発な意見交換がなされるようになっているということです。

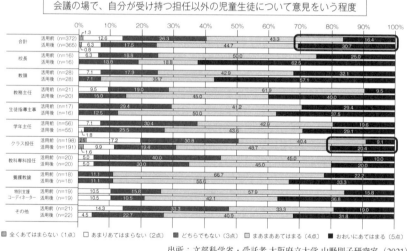

会議の場で、自分が受け持つ担任以外の児童生徒について意見をいう程度

出所：文部科学省・受託者 大阪府立大学 山野則子研究室（2021）
「令和2年度スクールカウンセラー及びスクールソーシャルワーカーの常勤化に向けた調査研究」報告書

● 視点の変化

　YOSSの活用後では、ほぼすべての職種において、「複雑な家族環境

の中で暮らしている児童生徒を気にかける」割合が上昇しています。YOSS を導入することによって、児童生徒に対する教職員の視点や意識が強化されたと考えられます。

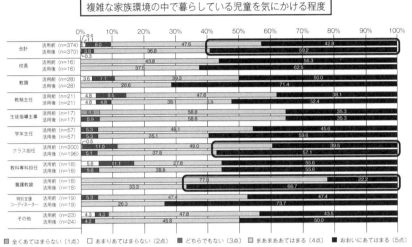

出所：文部科学省・受託者 大阪府立大学 山野則子研究室（2021）「令和２年度スクールカウンセラー及びスクールソーシャルワーカーの常勤化に向けた調査研究」報告書

（4）決定力の UP

YOSS 活用後では、すべての職種において、「会議において児童生徒への対応を決定できている」と回答する割合が増加しています。定期的にスクリーニング会議や校内チーム会議を実施し**役職を超えた情報共有**を行うことで、ベテラン教職員の知見などが継承され、かつ活発な意見交換により**児童生徒理解**も深まり、**チーム学校**としてのチーム力が向上します。

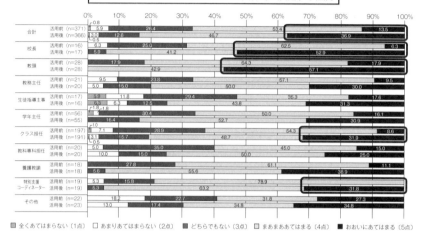

会議において児童への対応について具体的に決定する程度

出所：文部科学省・受託者 大阪府立大学 山野則子研究室（2021）
「令和2年度スクールカウンセラー及びスクールソーシャルワーカーの常勤化に向けた調査研究」報告書

　一方で、導入に向けては「教員の負担がさらに増えるのではないか」「児童生徒の個人情報が漏れてしまうのではないか」「やり方がよく理解できずうまく活用できないのではないか」といった懸念があるかもしれません。これらの懸念を乗り越える、YOSSの特長をご説明します。

3 │ YOSSの特長

①教職員の負担感なく実施できる
②万全な個人情報保護体制
③山野研究室によるサポートを受けることができる

①教職員の負担感なく実施できる

　YOSSでは、年に３回のスクリーニングシートへの記入と、学期に１回のスクリーニング会議・校内チーム会議の開催を推奨しています。このことから、教職員の負担増加への懸念が生じやすいといえます。

　しかし、YOSSを導入した学校において「教職員の負担感が増加した」といったネガティブな声はあまりあがっていません。中には積極的に毎月スクリーニング会議を実施している学校もあり、「負担感が減った」という声もあがっています。

　YOSSが**複数人で議論して支援の方向性を決定**するシステムをプロセスに組み込んでいることで、教職員の抱え込みが改善され、それが負担感の減少という結果につながっていると考えられます。

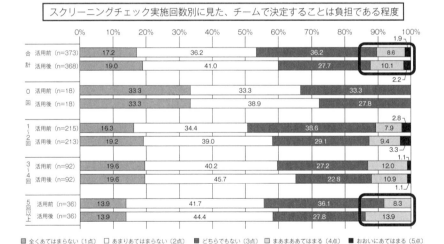

スクリーニングチェック実施回数別に見た、チームで決定することは負担である程度

出所：文部科学省・受託者 大阪府立大学 山野則子研究室（2021）
「令和２年度スクールカウンセラー及びスクールソーシャルワーカーの常勤化に向けた調査研究」報告書

また、「YOSSクラウドサービス」（P.22～26）のAI判定機能を活用することで、校内チーム会議にあげるべき児童生徒を抽出する負担を軽減することができます。

　校内チーム会議にあげる基準は、基本的には合計点に対する閾値（しきいち）を超えているか、超えていないかです。AI判定機能では、たとえ合計点が閾値（YOSSの場合、6点以上）を超えていなくても、スクリーニングシートに記載された項目によってAIが自動的に「校内チーム会議にあげるべき」などの判定結果を示します。閾値を超えていない児童生徒であっても、AI判定結果を参考に「校内チーム会議にあげるかどうか」の意思決定をサポートします。

②万全な個人情報保護体制

　校内チーム会議においては学校外の関係者が参加することもありますが、個人情報保護の観点から必要な支援者のみに参加いただくことに加え、参加者には職務上の守秘義務が課せられています。また、情報やデータは紙で配布せず、口頭での伝達及びデータを投影する形で議論を行うなどの工夫も見られます。

③山野研究室によるサポートを受けることができる

　山野研究室のメンバーが打ち合わせなどに参加し、YOSS実践のサポートを行っています。山野研究室では「YOSS導入の6工程」（P.42）に基づき、研修・打ち合わせ・振り返りをご一緒させていただくなど、進め方のサポートをいたします。各自治体担当者や教育委員会から、お気軽にお問い合わせください。

YOSS を実際に活用した教職員の方々の声

- 児童生徒一人ひとりを見つめ直し、「そういえばこの子、こんな気になる点があったね」と話し合うことができ、一人ひとりがよく見えるようになった。

- スクリーニングシートの項目が1つの指標になることで、児童生徒のどのような様子に着目すべきなのかが若手教職員にとってもわかりやすくなった。

- 児童生徒の家庭環境や児童生徒自身に対する教職員の理解が進み、児童生徒が通いやすい学校環境の整備につながった。

- 気になる子については予想どおり検討の対象にあがってきたが、あまり気にかけていなかった子の気になる点も見えてくることにより、「隠れしんどい子」の発見につながった。

- スクリーニング会議で、専科の先生から知らない情報を聞くことができるのが良かった。

- 校内チーム会議で、「保護者をスクールカウンセラーにつなぐ」という提案をしてもらい、実際につなぐことができた。それにより家庭の状況が少しずつ改善してきた。

- 複数の視点が入ることで、学校での様子からは見えてこない児童生徒の家庭の状況などへの配慮ができるようになった。

- みんなで検討した些細な声かけについて、自信を持って行えるようになった。

- 教職員のやるべきことと SSW のやるべきことが明確になり、教職員が各々の役割を整理して SSW を活用するようになった。

第 3 章

YOSS導入の手順

YOSSでは、SSWやSCを含む教職員だけではなく、教育委員会の担当者・自治体の担当者・要保護児童対策地域協議会・また社会福祉協議会・NPOなど、幅広い関係者を巻き込むことが重要です。そのためYOSS導入にあたっては、スクリーニングを実施する前に関係者全員がYOSSのポイントを理解し、事前に実施計画を策定しておく必要があります。

　ここでは「教育委員会」と「学校」に分けて、YOSS導入の手順について説明します。

1 ｜ 教育委員会における導入の手順

教育委員会における導入の手順は、大きく下の4つの段階を踏みます。

教育委員会の方針立て	導入方式の決定	各学校への研修・周知徹底	スクリーニング実施校との調整
・自治体における課題を明確化する。 ・スクリーニングの目的を理解する。	・スクリーニングモデル校方式、全校方式のどちらで実施するかを決定する。	・研修としてスクリーニングのワークショップを行う。 ※ワークショップは、域内の全ての学校を対象に行う方法と、スクリーニング実施予定校のみを対象に行う方法がある。 ・対象校へスクリーニング実施に関する説明に出向く。	・実施校が決まり次第、教育委員会と実施校で、校務分掌やスクリーニングの日程を決める。 ・PCの管理や入力の方法についても確認しておく。

①導入目的の明確化

　まず自治体が抱えている課題からスクリーニングの目的を明確にします。例えば、「子どもの抱えるリスクの見逃し防止」「教職員の抱え込み防止・負担軽減」「チーム学校体制の構築」「専門職者や地域資源を活用できるようになる」などがスクリーニングの目的として考えられます。

②導入方式の決定

　どのような方式で小中学校にYOSSを導入していくかを選択します。導入方式としては**全校方式**と**スクリーニングモデル校方式**があります。

　全校方式とは、全校一斉に導入する方式です。一方**スクリーニングモデル校方式**とは、モデル校を数校指定してから導入を始め、徐々に広めていく方式です。

　それぞれの自治体ごとの状況や事情に合わせ最適な方法を検討し、確実に実施できる方法を決定します。

③各学校への研修・周知

　YOSSの導入方針について決定した後は、各学校に研修や説明を行い、スクリーニングの意義・方法の周知を図ります。

　周知の方法として以下のような取組みが考えられますが、各自治体の実情を考慮し、より最適な方法を選択して実施します。

- 域内のすべての学校に対しスクリーニング研修を行い、その後、手挙げ方式でスクリーニング実施校を募る。
- スクリーニング実施予定校においてスクリーニング研修を行い、他の実施予定校や次年度実施予定校に見学の案内や参加を呼びかける。
- 対象校へスクリーニングの実施に関する説明に出向く。

④スクリーニング実施校との調整・スケジューリング

　スクリーニング実施校が決まったら、教育委員会とスクリーニング実施校の間で以下のような手順で調整を行います。なお、調整にあたって

は可能な限り前年度中、当年度であれば4月当初に行うことが望ましいでしょう。

- スクリーニングを進める担当教職員が必要であるため、校内組織の中で誰が主管を担うのかを明確化し、役割として**校務分掌**などに位置づけしておく。
- 年度開始後であると日程を組み込みにくいため、各学期の何月の学年会議（あるいは職員会議や研修など）でスクリーニングを実施するかをあらかじめ決定し、学年会議等の中に予定を入れておく。その際は、SSWの出勤日や巡回する日程なども調整して決定する。また、実施日とセットでスクリーニングシートに入力する期限も決めておく（→「YOSS導入から実施までの年間スケジュールの例」P.66）。
- PCの管理や入力の方法について確認しておく。

2 ｜ 学校における導入の手順

　スクリーニングを導入することが決まった学校は、大きく以下の4つの段階を進めていきます。

①校長と担当教職員の協議
　校長から担当教職員にスクリーニングについて説明を行い、担当教職員と以下の内容などを検討し、具体的な進め方を決定します。必要に応じて教育委員会担当者も同席します。

校長と担当教職員との協議	校長から全教職員への説明	校内研修の実施	教育・福祉関係者などに同席依頼
・校長から担当教職員にスクリーニングの実施について説明を行う。 ・担当教職員とスクリーニングの具体的な進め方を決定する。 ・すでにスクリーニングを実施している学校に新しい校長が着任した場合は、担当教職員から相談を行い、スクリーニングの方向性を決定しておく。	・4月の早い段階で、校長から教職員にスクリーニング実施の方針について説明する。	・スクリーニングを実施する前に校内研修を行い、スクリーニング実施の意義やスクリーニングの手順を教職員に周知徹底する。 ・研修の中でチェック基準についても確認する。	・1学期の校内チーム会議初回実施日は、可能な限りSSWや福祉機関の職員にも同席してもらえるように、校長から教育委員会に対して依頼をしたり、直接福祉機関などの関係者に依頼をする。

- 教職員への周知方法（会議や研修など）
- スクリーニング会議の実施日時
- スクリーニング会議を実施する機会（職員会議、学年会議、学期に一度の研修など）
- 協力者への会議参加要請（教育委員会担当者、SC、SSW、スーパーバイザー、自治体内の福祉部局の職員など）
- 校内チーム会議の実施日時
- 校内チーム会議を実施する機会（既存の会議を活用するかなど）
- すでに上記事項で決定していることがあればその確認
- すでにスクリーニングを実施している学校に新しい校長等が着任した場合には、担当教職員から相談を行い、スクリーニングの方針を決定しておく

②校長から全教職員への説明

　4月の早い段階で、校長から教職員にスクリーニング実施の方針について説明します。その際には、スクリーニングの目的や、あらかじめ担

当教職員と決めておいた日程などを伝えます。

③校内研修の実施

　スクリーニングを実施する前に校内研修を行い、スクリーニング実施の意義やスクリーニングの手順を教職員に周知します。また、研修の中でシートのチェック基準についても確認しましょう。なお、山野研究室では、以下のような「YOSS導入の6工程」を推奨しています。

YOSS導入の6工程		スケジュール参考例	
		4月スタート	8月スタート
1 研修	研修①スクリーニングの意義を理解する 研修②スクリーニングチェック、会議の模擬体験	4月 （春休み） 5月	8月 （夏休み） 9月
2 振り返り 打ち合わせ	研修の振り返り スクリーニング会議に向けての事前打ち合わせ	6月後半	10月後半
3 スクリーニング会議	スクリーニング会議実施	7月	11月
4 振り返り 打ち合わせ	スクリーニング会議の振り返り 校内チーム会議に向けての事前打ち合わせ	7〜8月	11〜12月
5 校内チーム会議	校内チーム会議実施	8月 （夏休み）	12月 （冬休み）
6 振り返り	校内チーム会議の振り返り	8月後半	1月

出所：大阪公立大学山野研究室

　研修を行うだけでなく、研修の振り返りとスクリーニング会議に向けての事前打ち合わせをスクリーニング会議の前に実施することで、スムーズにYOSSの導入を進めることができます。また、スクリーニング会議や校内チーム会議の後にも、振り返りや次の会議に向けた事前打ち合わせを行うとよいでしょう。

④教育・福祉関係者などに同席依頼

　校内チーム会議には、可能な限り SSW や福祉機関の職員にも同席してもらえるように、校長から教育委員会に対して依頼をすることや、直接、福祉機関などの関係者に依頼を行うことも検討します。

第4章

YOSSの実践プロセス

本章では、実際に学校現場でYOSSを実践する手順を解説していきます。

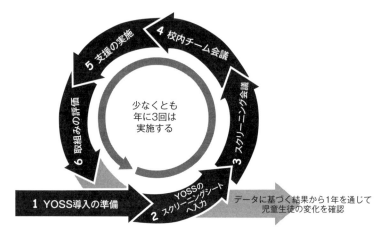

出所：大阪公立大学山野研究室

　YOSSでは、①YOSS導入の準備、②YOSSのスクリーニングシートへ入力、③スクリーニング会議、④校内チーム会議、⑤支援の実施、⑥取組みの評価というプロセスでスクリーニングを行います。

　スクリーニングは、少なくとも学期に一度のペースで実施することを推奨しています。中には毎月実施している学校もあります。3学期には、1年間の取り組みを評価して児童生徒の状況が好転したかどうかを確認し、エビデンスに基づき支援のポイントについて**複数人**での議論を行い、情報を共有します。変化のなかった児童生徒に関しては**支援の方向性を再検討**し、次年度に向けて申し送るべき事項などを記載します。

1 ｜ スクリーニングシートへ入力

　YOSS導入の準備を行った後は、児童生徒の状況を客観的なデータで可視化するためのチェック作業を行います。スクリーニング会議の日の1週間前までに、担任や養護教諭など、それぞれ役割のある教職員が一人ひとりの児童生徒の状況をスクリーニングシートに入力していきます。少なくとも年に3回（目安：5～6月、9～10月、1～2月）は実施することを推奨しています。

（1）スクリーニングシートへの入力の流れ

　スクリーニングシートへの入力は、学級担任・生徒指導主事・特別支援教諭・養護教諭・事務職員・教頭（地域担当教諭）・管理職など、複数の教職員で手分けして行います。

　スクリーニング会議の日程が近づいてきたら、担当教職員から教職員に、チェック作業をアナウンスします。シート入力の締切日、スクリーニング実施の流れなどを教職員に説明しましょう。スクリーニング会議を実施する日の1週間前をめどに入力し終えるよう、教職員に対して依頼をします。

　担当教職員から依頼を受けた各教職員は、締切日までにスクリーニングシートの担当箇所に入力していきます。

（2）スクリーニングシートへ記入のポイント

　スクリーニングシートの「現状」部分（全40項目）が、スクリーニン

グ会議の前に入力しておくチェック項目です。

　チェック項目は、9つのカテゴリーに分かれています。カテゴリーごとに、学級担任・生徒指導主事・特別支援教諭・養護教諭・事務職員・管理職・教頭（地域担当教諭）などで手分けしてチェックをしていきます。

スクリーニングシートのチェックカテゴリーと担当者

担当する教職員								
学級担任				特別支援担当	養護教諭	管理職・生徒指導主事	事務	教頭（地域担当）
学校適応・問題行動	学習	家庭状況	調査	発達	健康	福祉	経済	地域からの情報

出所：大阪公立大学山野研究室

　すべての児童生徒の状況をチェックすることが何よりも重要です。気になる生徒だけではなく、すべての児童生徒に対して全項目のチェックを行います。

　「地域担当」は地域担当教職員・教頭・SSWなどが地域人材から聞き取った情報をもとに記入します。

　名簿順に沿って、各チェック項目に数字を入れていきます。「気にな

る」を1点、「特に気になる」を2点というように、気になる程度に応じて点数を入力します。**一人あたり30 〜 40秒くらいのイメージでサクサクと、全員を15分程度で入れていくイメージです。**

　迷った時は、凡例の入力基準に基づいて入力しましょう。

YOSSのスクリーニングシート（サンプル・一部抜粋）

				支援の現状			現状							スクリーニング会議	支援の方向性			変化
年	組	番号	氏名	前学期	以前チーム会議を決定した（A 教職員の関与／B 地域資源の活用／C 専門機関の活用）	前回チーム会議を実施した	学級（学校適応・問題行動［欠席／遅刻・早退］・学習［学力］・家庭状況［持ち物］・発達）	特別支援	養護［健康］	事務［経済］	管理職・生指［福祉］	地域担当［地域からの情報］	その他・備考［調査］	合計	校内チーム会議にあげる	複数人で一旦出した今後の方向性（A・B・C）	A 教職員の関与［担任のアプローチ］／B 地域資源の活用［家庭教育支援の活用］／C 専門機関の活用［家庭児童相談室・児相を活用］	結果
5	1	1												…		A⑤・C		…
5	1	2														B		
5	1	3														C		
⋮	⋮	⋮																⋮

出所：児童生徒理解・早期対応・支援の見える化のためのYOSS®（大阪府大山野式スクリーニングシート）
© 2018 大阪府立大学山野則子研究室

（3）各教職員が行うチェック内容

　ここで記載する内容はあくまで一例であり、学校によってチェックする担当者が変わっても問題ありません。複数の教職員で手分けをするこ

とで、学級担任だけに負担がかかるといったことがないようにすること
が重要です。

①学級担任が行うチェック内容
　　学級担任は、学級での様子や各調査の状況に関する項目について気
になる程度に応じて点数を入力します。具体的なカテゴリーとして
は、「学校適応・問題行動」「学習」「家庭状況」「調査」を担当します。
す。欠席や遅刻・早退がないか、学力、持ち物や家庭での様子など
をチェックします。

②特別支援教諭が行うチェック内容
　　特別支援教諭は、「発達」のカテゴリーをチェックします。このカ
テゴリーでは、例えば、支援学級に在籍しているかどうかなどを確
認します。

③養護教諭が行うチェック内容
　　養護教諭は、「健康」のカテゴリーをチェックします。児童生徒の
成長の状態や、発熱があるのに登校しているような状況がないかな
どを確認します。
　　一部の項目については、学級担任や特別支援教諭がチェックする方
が良い場合もあるため、学校に応じて適切な担当者を検討してくだ
さい。

④管理職・生徒指導主事が行うチェック内容

　管理職や生徒指導主事は、「福祉」カテゴリーの項目についてチェックします。SC・SSWと関わりがあるか、要保護児童対策地域協議会に登録されていたり学校の外部機関が関わっていたりするかなどを確認します。

⑤事務職員が行うチェック内容

　事務の方は、「経済」カテゴリーの項目についてチェックします。生活保護家庭かどうか、経済的に困っているような状況にないかといったことを確認します。

⑥教頭（地域担当）が行うチェック内容

　教頭または地域担当の先生は、「地域からの情報」カテゴリーについてチェックします。学童保育や放課後子ども教室、こども食堂などの事業に関わる地域の方々から気になる情報が入っているかどうかやその頻度を確認します。

(4) 応用編：「その他」項目の活用

　スクリーニングシートの「その他」の項目は、学校に応じて独自の項目を設定してかまいません。もちろん使わなくても問題ありません。活用の仕方は学校ごとに様々です。

　学校の重点目標に合わせて項目を設定したり、若手教職員研修を意図して項目設定の時間を設けたりしている事例があります。

追加する「その他」項目の例

「朝ごはんチェック」「整理整頓」「読み書き」
「約束を守れない」など

　まずは標準設定でスクリーニングを行い、その後必要に応じて「その他」項目を活用していくのがよいでしょう。

2 ｜ スクリーニング会議

　すべての児童生徒のスクリーニングシートへの入力を終えた後は、**スクリーニング会議**を実施します。スクリーニング会議では、シートを確認しながら**校内チーム会議**にあげる児童生徒を**決定**します。校内チーム会議にあげると決めた児童生徒については、**暫定的な支援の方向性**をあわせて**決定**しましょう。検討を行う中で出た内容は、**ワンポイント**として記録に残しておくことも大切です。

スクリーニング会議のまとめ

目的	潜在的に支援が必要な児童生徒を30%程度ピックアップし、**暫定的な支援の方向性**を決定する
対象	すべての児童生徒 ● 一定の点数以上の児童生徒は原則**校内チーム会議**にあげる ● 一定の点数未満の児童生徒についても、議論し検討する ● 特に心配のない児童生徒についても、そのことを複数人で確認する
参加者	学級担任・学年団・特別支援教諭・管理職・SC・SSWなど
時間	1クラス10分〜15分
推奨頻度	学期に1回
活用できる既存の会議	学年会議・低学年会議・中学年会議・高学年会議・職員会議　など

出所：大阪公立大学山野研究室

（1）スクリーニング会議の流れ

①スクリーニング会議の流れと留意事項を共有する

　スクリーニング会議当日は、最初に担当教職員からスクリーニング会議参加者に対してスクリーニング会議の流れを説明します。以下に示すような留意事項について事前に説明し、共有を図ることで、より効果的な話し合いが期待できます。

スクリーニング会議の留意事項

- 客観的なデータと**複数人での議論**を踏まえ、〈より個別の検討を行う**校内チーム会議にあげるかどうかを判断する**〉〈**暫定的な支援の方向性を決定**する〉ことがスクリーニング会議の目的であること
- 1人への理解を深めていく**アセスメント**（見立て）とは異なること
- **1クラス15分程度**で名簿順に**すべての児童生徒**を確認すること
- **潜在的に支援の必要な児童生徒**を30％程度ピックアップすることが重要であること
- すでに要保護児童対策地域協議会などにあがっている児童生徒の検討に時間をかけるのではなく、基準点である6点前後（2〜7点程度）の児童生徒に焦点化すること
- 会議中には、担任以外の教職員も様々な気づきを積極的に出し合うこと

②グループ分けをする

- スクリーニング会議は、学年会議のイメージで**学年ごとに4〜5名程**

度のグループに分かれて実施します。小規模校では2つの学年をまとめてグループを作るのもよいでしょう。

- 管理職や養護教諭、専科教員も各グループに分かれて参加します。
- グループになったら、各グループで「ファシリテートする教職員」を決めて、その教職員が司会進行をします。

③名簿順にすべての児童生徒について検討する

- まずは学級担任から名簿順に児童生徒の状況や近況を話します。この時、児童生徒の背景や状況に時間をかけて語るのではなく、スクリーニングシートにチェックを入れた項目の内容を中心に、どんなところに困っているのかを端的に話します。
- 特に心配のない児童生徒については、学級担任が「問題ないです」と発言してください。ここで、**複数人の目**で「本当に問題がないのか」を確認することが重要です。必ず、ファシリテーターから「他の先生からも発言はありませんか？」と確認の問いかけを行ってください。
- 学級担任の発言以外で気になる情報があれば、他の教職員も発言をし、児童生徒の捉え方を広げていくことが大事です。しかし、その要因を探ったり、話を深めたりすると、**スクリーニング会議**ではなく**ケース会議**となってしまいます。スクリーニング会議はアセスメントする（見立てる）ためのものではなく、ピックアップするためのものなので、その点に注意し会議を進行していきます。

④校内チーム会議にあげるか決定する

- 話し合いをしていく中で、その児童生徒を**校内チーム会議にあげるか**

を振り分け、スクリーニングをしていきます。校内チーム会議にあげる児童生徒は**全体の30%程度**が理想です。

● 6点以上の児童生徒は積極的に校内チーム会議にあげましょう

● すでに学校全体、または他機関も交えて関わっている児童生徒だけではなく、個々の教職員が関わりを持つ中で「ちょっと気になっている」というレベルの児童生徒や6点未満の児童生徒も、積極的に校内チーム会議にあげます。これが、早期発見・早期対応につながり、改善に向かう第一段階です。

● 授業改善など、まずは校内体制で対応できるかどうか確認したうえで校内チーム会議にあげることを検討します。

● 校内チーム会議にはあげないと判断した児童生徒についても、話し合いの中で出た大切な内容は共有し、意識できるようにワンポイントに記入しておきます。

⑤暫定的な支援の方向性を決定する

● 校内チーム会議にあげることに決定した児童生徒については、スクリーニング会議のメンバーの中で**暫定的な支援の方向性**（A：教職員の関与、B：地域資源の活用、C：専門機関の活用）を検討します。「A-①とB-③」など複数の方向性を出しても問題ありません。

● ここで暫定的に出した方向性については、次の校内チーム会議で再検討し、方向性を**決定**することとなります。

支援の方向性

A）校内支援

　①学級担任　②生徒指導や児童生徒支援　③養護教諭

　④特別支援担当　⑤学年団　のアプローチ

B）地域資源活用

　①家庭教育支援の活用　②学習支援の活用

　③居場所、こども食堂などの活用　④単発の事業活用

　⑤地域人材の活用

C）専門機関の活用

　①児童相談所、家庭児童相談室を活用

　②少年サポートセンターを活用　③教育センターを活用

　④福祉制度を活用

● 地域資源が「自分の地域にあるのかわからない」場合でも、〈B：地域資源の活用〉は積極的に検討しましょう。フォーマル（公的）な地域資源だけでなく、インフォーマルな地域資源（民間団体・NPOなど）も活用します。「地域資源がない、あるいはわからないから支援の方向性として〈B：地域資源の活用〉を選ばない」というお話もよく耳にしますが、「地域を開拓していくこと」や「地域資源の存在と利用方法を積極的に知ること」も大切です。地域資源につながることこそが、今の子どもたちにとって必要な支援であると考えてください（関連：→「地域資源の情報の集め方」P.99 ～ 102）。

　スクリーニング会議の進め方の具体例は後述します（→「スクリーニング会議の進め方の例」P.67 ～ 74）。

⑥スクリーニング会議の結果を YOSS に記入

　スクリーニング会議で議論した内容について、YOSS に記入していきます。

- 話し合いで出された具体的対応策や留意事項をワンポイント欄や備考欄に記載する
- 校内チーム会議にあげるかどうか、決定事項を記入する
- **暫定的な支援の方向性**を記入する。
---

⑦児童生徒の変化の確認

　スクリーニングは1年に複数回（少なくとも学期に一度のペース）実施します。2回目以降では、前回の校内チーム会議時にすでに**支援の方向性を決定**し、児童生徒の支援のために動いているため、「支援が実践できているか」「支援の効果はどうか」などのチェックを行い、現状を確認します。

　YOSS を活用することにより、**児童生徒の些細な変化**を可視化することができます。

⑧1年間の児童生徒の状況の確認と話し合い

　3学期には、1年間スクリーニングを実施して「児童生徒の状況が好転したかどうか」を確認し、エビデンスに基づき支援のポイントについて議論を行い、情報を共有します。変化のなかった児童生徒に関しては**支援の方向性を再検討**し、次年度に向けて申し送るべき事項などを記載します。

（2）スクリーニング会議の機能と役割

　スクリーニング会議の目的は、「**潜在的に支援が必要な児童生徒を**30％程度ピックアップし、**暫定的な支援の方向性を決定する**」ことです。個別の児童生徒への理解を深めていく**アセスメント（見立て）ではない**ことに注意してください。

　そして、スクリーニング会議を通じて**校内チーム会議にあげる児童生徒**を抽出し、より細やかな支援へとつなげます。

　児童生徒や家庭を適切な支援につなぐための**迅速な識別**を行います。また、スクリーニング会議の中で、**具体的ですぐにできそうなワンポイント支援や暫定的な支援の方向性**を確認します。

　スクリーニング会議の対象は、**すべての児童生徒**です。特に心配のない児童生徒も含めて状況を確認していきます。特に心配のない児童生徒については、「問題がない」ということを会議の参加者全員**複数人**で確認します。

　スクリーニング会議では、**校内チーム会議にあげる児童生徒**を全児童生徒の30％程度ピックアップすることを推奨しています。

　リスクの高い児童生徒（上位1～5％の福祉機関などで対応されている児童生徒）だけをピックアップするのではなく、YOSSの目的である「**潜在的に支援が必要な児童生徒をピックアップし適切な支援を行うことで問題の早期発見・早期対応・未然防止につなげる**」ために、30％程度を**校内チーム会議**にあげるよう意識しましょう。

3 ｜ 校内チーム会議

　スクリーニング会議で「校内チーム会議にあげる」にチェックをした児童生徒の具体的な**支援の方向性**を**決定**していきます。校内チーム会議では、スクリーニング会議で議論した児童生徒の状況や**暫定的な支援の方向性**を多職種と共有したうえ、具体的な**支援の方向性**を**決定**し、役割分担を決めます。

校内チーム会議のまとめ

目的	スクリーニング会議で校内チーム会議にあがった児童生徒について、SSW・養護教諭などの多職種を交えた**複数人で議論**を行い、役割分担や具体的な支援手順も含めて**支援の方向性**を**決定**する。
対象	スクリーニング会議において「校内チーム会議にあげる」と決定された児童生徒
参加者	担任・前年度の担任・兄弟の担任 管理職・養護教諭・特別支援担当・SC・SSWなど
会議で行うこと	● まずスクリーニング会議で校内チーム会議に抽出された児童生徒のその後の状況を確認する ● 多職種の専門性を活かし、具体的な**支援の方向性**を多角的に決定する ● より詳細な情報や検討が必要な場合は、**ケース会議**を開くことを決定する
時間	1人あたり5〜10分 ※最大でも2時間以内となるように工夫する
推奨頻度	学期に1回
活用できる既存の会議	子ども理解委員会・いじめ不登校対策委員会・特別支援委員会　など

出所：大阪公立大学山野研究室

（1）校内チーム会議の流れ
①校内チーム会議の手順と留意事項を共有する

　担当教職員より、校内チーム会議の流れと留意事項を説明します。以下に示す留意事項について事前に説明することで、より効果的な話し合

いが期待できます。

校内チーム会議の留意事項

- スクリーニング会議で**暫定的な支援の方向性**が決まった経過と その様子を共有する
- 児童生徒の個々の**支援の方向性**をより詳細に検討し、「誰がいつ 何を行うか」といった役割分担や具体的な支援手順を明確にする
- **1人あたり約5〜10分程度**の時間設定で行う
- 要保護児童対策地域協議会登録児童生徒やすでに他機関で連携 して関わっている児童生徒については、現状や方向性の確認の みを行い、会議の時間短縮につなげる
- 1回の会議が2時間以内となるよう工夫をする （会議を低学年・高学年て2回に分けるなど）
- 会議中には、担任以外の参加者も様々な気づきを積極的に出し 合う
- 会議に参加している多職種の専門性を生かし、**支援の方向性**を 決定する

②各児童生徒について検討する

- スクリーニング会議で**暫定的な支援の方向性**をどのように検討したの か、その経緯や理由についての発言からスタートすると、時間が長引 かず、具体的な**支援の方向性**に焦点を絞った校内チーム会議を行うこ とができます。

● スクリーニング会議で決めた**暫定的な支援の方向性**を検討し、**支援の方向性**を**決定**します。「誰が」「いつ」「どのように」支援を行っていくのか、役割分担やタイミングも含めて、できるだけ具体的に決めることが重要です。

● スクリーニング会議で決定した**暫定的な支援の方向性**で良いのか、それ以外にも支援の方向性があるのではないか、という視点で**複数人で議論**を進めます。

● 支援を具体化するうえでは、SCやSSWなど、心理支援、また福祉の現場や地域資源の知見がある専門職者がリードすることが有効です。

● 学級担任は学年ごとに入れ替わる形で行っても良いですが、管理職・養護教諭・専門職は、すべての学年の校内チーム会議に参加し、その状況を把握しましょう。

● 新規に校内チーム会議にあがった児童生徒など、その背景や特性などの情報収集やより深い検討が必要で**支援の方向性**が定まらない場合は、別途個別の**ケース会議**を設定しましょう。

③校内チーム会議の結果をスクリーニングシートに記入

校内チーム会議で決定した内容について、以下の要領でスクリーニングシートに記入していきます。

● 協議の結果を具体的に「支援の実際」の部分に記入する。

● 効果がなかった支援については「支援の実際」欄に×をつける。

● 支援の方向性（A：教職員の関与、B：地域資源の活用、C：専門機関の活用）を**決定**して、「新」（新規）、または「継」（継続）を記入する。

④支援の状況と児童生徒の変化の確認

● 2回目以降の校内チーム会議では、現状の支援の状況と児童生徒の変化を共有し、支援の効果を確認します。

● 効果がなかった支援については、スクリーニングシートの「支援の実際」欄に「×」を記入します。

⑤1年間の児童生徒の状況の確認と話し合い

● 校内チーム会議終了後は、会議で決定した方針に沿って児童生徒に接していくことになりますが、この結果については、次のスクリーニング会議・校内チーム会議で共有を行ったうえで、効果の確認を行います。

● 3学期には、**児童生徒の変化**を確認します。1年間スクリーニングを実施して「児童生徒の状況が好転したかどうか」「何が効果的であったか」を検証し、エビデンスに基づいた支援のポイントについて議論し情報を共有します。

● 検証は、効果があった場合には児童生徒の生活の改善や教職員自身のスキル向上につながり、効果がなかった場合も新たな**支援の方向性の検討**につながる、非常に重要な取組みとなります。

● うまくいかなかった場合は**支援の方向性の再検討**を行うことも必要です。変化のなかった児童生徒に関しても**支援の方向性を再検討**し、次年度に向けて申し送るべき事項などを記載します。

（2）校内チーム会議の機能と役割

校内チーム会議の目的は、「教員だけでなくSC・SSW・養護教諭な

どの多職種を交えた**複数人で議論**を行い、役割分担や具体的な支援手順も含めて**支援の方向性を決定する**」ことです。多職種それぞれの専門性を生かし、**支援の方向性**を多角的に決定します。

　校内チーム会議で検討を始める際には、「対象児童生徒のスクリーニング会議後の状況」も確認しましょう。支援の方向性を決めるために、より詳細な情報や検討が必要な場合は、別途**ケース会議**を開くことを判断しましょう。

　少なくとも学期に1回は校内チーム会議を行います。校内チーム会議は児童生徒一人あたり約5〜10分程度の時間で行います。1学年50分が目安です。校内チーム会議は、1回の会議が2時間以内となるように工夫します。人数が多い場合には、校内チーム会議を学年ごとに分け、学年会議や低学年会議・中学年会議・高学年会議などの中で行ってもよいでしょう。

第5章

YOSSを
さらにスムーズに
実践するために

1 │ YOSS導入から実施までの年間スケジュール例

内容	時期	詳細
YOSSの導入	前年度末～4月初旬	年間3回のスクリーニング会議・校内チーム会議の日程を決定し、予定に入れておく □担当者を明確化し校務分掌に組み込んでおく □学年会議などの予定に入れておく □校内チーム会議は、子ども理解委員会など委員会で運営することが望ましい □SSWやSCの出勤日や巡回日程を把握し会議日を決定する □シートの入力期限を決定する □PCの管理や入力の方法を確認する
YOSSの研修	4月中旬～5月	スクリーニングに関する研修を実施する □実施の意義を理解する □手順を理解する □チェック基準について確認する

	1回目	2回目	3回目	
スクリーニングシートへの記入	5～6月	9～10月	1～2月	シートの**現状**部分をすべての児童生徒について入力する □新年度就学時や転入児童生徒などについては引継ぎ資料を反映させる
スクリーニング会議	6～7月	10～11月	2～3月	学年会議などを活用し 校内チーム会議にあげる児童生徒を決める **暫定的な支援の方向性**の検討を行う
校内チーム会議	7～8月	11～12月	2～3月	子ども理解委員会などを活用し **支援の方向性を決定**し、役割分担を行う ※3回目は、検証を行い、次年度に向けて申し送るべき事項を確認する

出所：大阪公立大学山野研究室

2 ｜ スクリーニング会議の進め方の例

　実際のスクリーニング会議の様子から、スクリーニング会議における
ファシリテーター（進行役）とサイドワーカー（参加者）の役割を確認し
ましょう。

　なお YOSS の会議を短時間で効率的に進めるためには、それぞれの発
言が「事実」「意見」「提案」「質問」「方向性と役割分担」のどの機能を
果たしているのかを意識しながら進めましょう。

- ● 事実 … 実際に起こった事柄＝確かめられること
- ● 意見 … 事実や提案に対する自分の考え＝確かめられないこと
- ● 提案 … 事実を解決の方向へと導くための具体的なアイデア
- ● 質問 … 事実や提案、意見に対する質問
- ● 方向性と役割分担 … 事実や提案、意見、質問などから導き出さ
　　　　　　　　　　　　れる解決に向けた方向性と役割分担

　以下のスクリーニング会議の例では、それぞれの発言がどの機能に該
当するかを記載しています。

　なお、発言の機能については、「会議を効果的に進めるポイント」
（P.87 ～ 98）に詳細を記載しています。

【スクリーニング会議】場を開く

（ファシリテーターのインストラクション）

ファシリテーター

□1　今日の学年会議は、スクリーニング会議です。終了予定時間は○時○分です。

□2　この会議はデータと話し合いに基づいて、特に２〜７点の児童生徒を中心に**校内チーム会議にあげるかどうか**を確認し、**暫定的な支援の方向性**を検討します。

□3　進め方は以下の通りです。

□4　担任の先生は名簿順に、YOSSの**現状**のチェックに基づいて児童生徒や教職員が困っている点、具体的なエピソードを<u>簡潔に</u>話します。

□5　これを受けて、他の先生からも別の場面での情報などを伝えてください。

□6　まず**チーム会議にあげるかどうか**を決めます。目安は６点以上、全体の３割程度です。

□7　校内チーム会議にあげる場合は、**暫定的な支援の方向性**（A校内チーム・B地域資源・C専門機関）を決定します。

□8　また、児童生徒に「すぐできそうなワンポイント支援」を検討します。

□9　時間の目安はひとり１分、１クラス15分、３クラスで45分です。

□10　要対協や警察などの専門機関につながっている児童生徒については、すでに検討にあげられている児童生徒です。校内チ

　　　　ーム会議にあがっている状況となり**暫定的な支援の方向性**は
　　　　〈C専門機関の活用〉にチェックします。
　　　　スクリーニング会議では長く時間を取らずに進めます。

☐11　会議では参加者全員が発言し、多角的な意見交換ができるよ
　　　うにします。

☐12　話し合いをテンポよく進め、スクリーニング効果を高めてい
　　　きましょう。

☐13　みなさんのご協力をお願いします。

☐14　それでは会議を始めます。よろしくお願いします。

【例1】　校内チーム会議にあげない児童生徒

ファシリテーター

☐1　では、1組からお願いします。

☐1　出席番号1番△△さんです。
　　　⑧が2点・⑫が2点の合計4点です。（点数）

☐2　授業中、関係のない話ばかりをしています。
　　　（事実）

☐3　放課後に友達とトラブルが多く、孤立しがち
　　　です。（事実）

☐4　親からも叱られることが多く、自己肯定感の
　　　低さが気になります。（意見）

☐5　簡単な用を頼んで「ありがとう」と伝えたり、
　　　温かい言葉がけを増やそうと思います。（提案）

1組担任

ファシリテーター

□1　追加で記入が必要なことや気になる情報はありませんか？

クラブ顧問

□1　クラブでは、よく頑張っています。
特に友達と揉めている様子はありません。
（事実）

□2　クラブまでの時間にトラブルが多いようなので、早く来るよう声かけします。（提案）

2組担任

□1　昨年担任でしたが、最後の方にはこちらから頼んだことをきっちりしてくれるような一面も見られました。（事実）

ファシリテーター

□1　校内チーム会議で話し合いますか？

学年主任

□1　今の状態であれば、校内チーム会議での話し合いは必要ないと思いますがいかがでしょうか。（提案）

□1　簡単な用を頼んで「ありがとう」と伝えたり、温かい言葉がけを増やそうと思います。（提案）

1組担任

ファシリテーター

□1　では校内チーム会議には、あげないこととします。（方向性）

□2　頑張っている様子を保護者に伝えて、授業中も意欲的になれるよう△△さんと相談しながら工夫しましょう。（方向性）

□3　1組の担任と学年主任とで△△さんと話をしてください。（役割分担）

【例２】　すでに関係機関とつながっている児童生徒

□1　次は○○さんです。合計10点でした。（点数）

□2　すでにSSWや地域の相談支援事業所が関わっています。（事実）

□3　特に最近、大きな変化はありません。（意見）

1組担任

ファシリテーター

□1　ほかの方も特に気になるところがなければ、
　　校内チーム会議で状況確認しましょう。
　　暫定的な支援の方向性は〈C専門機関の活用〉
　　ですね。
　　次の児童についてお願いします。

【例3】　新たに校内チーム会議にあげる児童生徒

1組担任

□1　次は●●さんです。合計6点でしたが、最近、
　　様子が変わってきたと感じています。（点数）

□2　母が病気で入院し、幼い弟や妹の食事の世話
　　などをしているようです。（事実）

□3　元気にふるまってはいますが、少し疲れてい
　　るように見えます。（事実）

□4　父は仕事が忙しく、夜遅くまで帰ってこない
　　ようです。（事実）

□5　一時的かもしれませんが、地域資源につなげ
　　ることができればと思います。（提案）

ファシリテーター

□1　追加で記入が必要なことや気になる情報
　　はありませんか？

□1　父親は昨年の行事も積極的に参加、協力してくれていました。（事実）

□2　去年の担任は私だったので、一度、一緒に話を聞いてみるのはどうでしょうか。（提案）

2組担任

ファシリテーター

□1　校内チーム会議にあげますか？

□1　元担任と一緒に話を聞くのはいいですね。（意見）

□2　SSW に相談するのも有りかと思います。
福祉制度や地域資源の利用に関して案があるかもしれません。（提案）

学年主任

□1　まずは、2組の担任とふたりで、心配なことを伝え、父親の話を聞いてみます。（提案）

□2　SSW に相談して、福祉制度か地域資源につなげることができればと思います。（提案）

1組担任

ファシリテーター

□1　では、校内チーム会議にあげます。

□2　**暫定的な支援の方向性**は〈B地域資源の活用〉
　　　そして〈A校内チーム支援〉です。

□3　SSWが来る水曜日に、担任と2組の担任から
　　　相談をしてください。（方向性）（役割分担）

〈まとめの言葉〉

□1　それでは、本日のスクリーニング会議はこれ
　　　で終わります。お疲れさまでした。

3 ｜ 校内チーム会議の進め方の例

　実際の校内チーム会議の様子から、校内チーム会議におけるファシリ
テーター（進行役）とサイドワーカー（参加者）の役割を確認しましょう。

　校内チーム会議もスクリーニング会議と同様に、それぞれの発言が
「事実」「意見」「提案」「質問」「方向性と役割分担」のどの機能に該当
するかを意識することが大切です。校内チーム会議の進め方の例でもそ
れぞれの発言が果たす機能を記載しているので参考にしてください。

【校内チーム会議】場を開く
（ファシリテーターのインストラクション）

ファシリテーター

□1　今から、校内チーム会議を始めます。終了予定時刻は〇時〇分です。

□2　時間の目安は、ひとりについて5分。1学年30分程度が目安です。

□3　この会議では先日のスクリーニング会議で抽出された児童生徒の**支援の方向性**を**決定**し役割分担を決めます。

□4　スクリーニング会議で**暫定的な支援の方向性**が決まった経過とその後の様子を共有します。

□5　**支援の方向性**は、SC（心理支援）、SSW（地域資源）、福祉職（福祉制度）等です。

□6　支援の方向性の欄に「新（新規）」「継（継続）」を記入します。

□7　詳細な情報や検討が必要と判断される児童生徒については、別途**ケース会議**を開いて話し合います。

□8　要保護児童対策地域協議会登録児童生徒など、すでに他機関が関わっているケースについては、連携機関などの確認を行うなどに留め、時間をかけずに検討します。

□9　会議に参加している多職種の専門性を生かし、**支援の方向性**を**決定**します。

□10　支援がうまくつながる方策について、具体的に役割分担を決めていきます。

□11　みなさんの協力をお願い致します。
□12　それでは会議を始めます。よろしくお願いします。

ファシリテーター

□1　それでは早速、始めていきましょう。1組からお願いします。

【例1】ヤングケアラー

□1　●●さんです。合計5点でしたが、ちょっと様子が心配なのでチーム会議にあげました。(点数)

□2　母親が病気で入院し、幼い弟や妹の食事の世話などをしているようです。(事実)

□3　元気にふるまってはいますが、少し疲れているように見えます。(事実)

□4　父親は仕事が忙しく、21時頃まで帰ってこないと話しています。(事実)

□5　スクリーニング会議以降に、父親と連絡をとり担任と元担任が家庭訪問をしました。(事実)

□6　●●さんの様子を共有し、どうすればいいかを話し合いました。(事実)

□7　父親からは、親戚や友達に協力を求めるという話がありましたが難しそうでした。(事実)

□8　公的な福祉制度を活用するしか方法がないと思い、**暫定的な支援の方向性**を〈C専門機関の活用〉にしました。(意見)

1組担任

ファシリテーター

□1　追加で記入が必要なことや気になる情報
　　はありませんか？

□1　親戚の協力の他にも、公的支援の選択肢もあ
　　ればいいと思いました。（提案）

3組担任

□1　●●さんが授業中にボーっとしている時があ
　　り、睡眠が十分でないようです。（事実）
□2　先週、体育の時間に転倒して、保健室のベッ
　　ドで1時間静養した後は元気でした。（事実）

1組担任

ファシリテーター

□1　養護教諭のA先生、いかがですか。

□1 手当をした際に「疲れている」と聞いていたので、少し休むことを提案しました。（事実）

□2 1時間寝たあとは、スッキリしている様子でした。（意見）

□3 「眠れてないの？」と聞くと、弟や妹の世話で睡眠時間が短くなっているとのこと。（事実）

□4 家事などの負担を軽減して睡眠をとれる状態が必要だと思いました。（提案）

□5 また心のケアも必要だと感じました。（提案）

養護教諭

ファシリテーター

□1 SSWのBさん、いかがですか？

□1 弟や妹の送迎はファミリーサポートにつなげることができるかもしれません。（提案）

□2 家事援助については、母親を支援する福祉サービスがあるかもしれません。（提案）

□3 家庭訪問の時にSSWから連絡する旨の了解をとっているとのことなので、早速、アポイントをとってみたいと思います。（提案）

SSW

□1　●●さんの心と体の健康面が心配なので、短い時間で良いので保健室で静養して、心のケアやいつでも相談できるように声かけをしておくのが良いと思います。（提案）

SC

□1　それでは、SSWが父親の希望に基づいて地域資源につなぎます。（方向性と役割分担）

□2　●●さんの保健室での静養と心のケア、相談できる環境づくりをSCと養護教諭で相談して進めるということでよろしいでしょうか。（方向性と役割分担）

□3　では、支援の方向性〈A校内チーム支援〉と〈C専門機関の活用〉で進めたいと思います。よろしくお願いします。（方向性と役割分担）

□4　●●さんの負担軽減や睡眠時間の確保ができるよう支援を進めていきましょう。（意見）

□1　では、1組の児童について続きをお願いします。

ファシリテーター

【例2】 外国籍の児童生徒

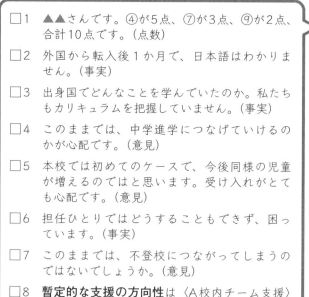

- ☐1 ▲▲さんです。④が5点、⑦が3点、⑨が2点、合計10点です。（点数）
- ☐2 外国から転入後1か月で、日本語はわかりません。（事実）
- ☐3 出身国でどんなことを学んでいたのか。私たちもカリキュラムを把握していません。（事実）
- ☐4 このままでは、中学進学につなげていけるのかが心配です。（意見）
- ☐5 本校では初めてのケースて、今後同様の児童が増えるのではと思います。受け入れがとても心配です。（意見）
- ☐6 担任ひとりではどうすることもできず、困っています。（事実）
- ☐7 このままでは、不登校につながってしまうのではないでしょうか。（意見）
- ☐8 **暫定的な支援の方向性**は〈A校内チーム支援〉〈B地域資源の活用〉〈C専門機関の活用〉すべてに入れています。（意見）

1組担任

ファシリテーター

- ☐1 この児童について、どなたか他にご意見はありますか？

□1　母語で話せる人がいないのは、精神的にも厳しいのではないでしょうか。（意見）

□2　他県の学校にいた時は、母語のわかる先生を週に2回、派遣してもらっていました。（事実）

□3　この学校でも利用できる派遣の仕組みがあれば活用してみてはどうでしょう。（提案）

2組担任

□1　授業はほとんど寝ています。最初は頑張っていたけれど、最近は諦めている様子です。（事実）

□2　両親とも近隣の事業所で働いていて夜勤もあるそうです。家族はとても仲がいいらしいです。（事実）

□3　今、必要な学習を整理して、学習支援が必要だと思います。（意見）

□4　何か利用できるサービスや地域資源はないでしょうか？（質問）

1組担任

□1　学習支援ボランティアに声をかけて週に3日程度のサポートを検討しましょう。（提案）

□2　国際交流協会に連絡をして、同じ国の出身者や言葉のわかる人に声をかけてみましょう。（提案）

□3　専用アプリで翻訳しながら話すことはしていますか。（質問）

SSW

□1　それもやってみたのですが、細かいところは
　　齟齬があるようです。（事実）

□2　簡単なやりとりは大丈夫ですが、こみ入った
　　ことを話すにはストレスがかかります。（事
　　実）

1組担任

ファシリテーター

□1　課題を整理しましょう。（提案）

□2　保護者への面談と通訳の派遣、また、学校か
　　らのお知らせの翻訳も必要ですよね。（提案）

□3　来日前の学習状況とカリキュラムを調べまし
　　ょう。（提案）

□4　▲▲さんの学習の個別最適化を図るために、
　　学習ボランティアに週3回来てもらいましょ
　　う。（提案）

□5　児童生徒が意欲をもって取り組めることや友達
　　関係を育むきっかけも必要ですね。（意見）

□6　どのような役割分担で進めましょうか？

□1　保護者への通訳と翻訳は国際交流協会に連絡をし
　　て、サポートを検討します。（方向性・役割分担）

□2　通訳者も国際交流協会に聞いてみます。（方向
　　性・役割分担）

□3　他市での取り組みの様子をヒアリングして、本
　　市で取り組む内容を検討します。（方向性・役割
　　分担）

□4　大学生の学習サポートは、校長先生から直接、
　　声をかけてもらっていいでしょうか？（提案・
　　質問）

教育委員会

□1　わかりました。大学生の学習サポートは学校から声をかけます。（方向性・役割分担）

□2　具体的にどんな支援が必要か。生活指導主任を中心に検討します。（方向性・役割分担）

□3　来日前の学習状況とカリキュラムは教務主任に確認をしてもらいましょう。（方向性・役割分担）

□4　▲▲さんは、ICT端末は使えるのであれば日本語ドリルに取り組んでは？（提案）

管理職

ファシリテーター

□1　担任の先生、いかがですか。

□1　▲▲さんと相談して国語の時間を中心に日本語ドリルに取り組みます。（方向性・役割分担）

□2　授業の中でICTを活用して友達と協働的に学ぶチャンスを作ってみます。（方向性・役割分担）

□3　▲▲さんがOKなら総合的な学習の時間に、母国を紹介する機会を持ちたいです。（方向性・役割分担）

□4　クラスでドッジボール大会をするなど、言葉がなくても遊べる時間も取りたいです。（方向性・役割分担）

1組担任

□1　クラス対抗で体育の時間にやりましょう。そのほうが盛り上がるので。(提案)

□2　ドッジボールを▲▲さんの母語を交えてやってもいいかもしれません。(提案)

□3　校長先生、外国語の先生に協力してもらってもいいですか？(質問)

3組担任

□1　はい。進めてください。(意見)

管理職

ファシリテーター

□1　それでは、役割分担も整理されましたので、１か月後を目安に取り組んでいきましょう。(方向性)

□2　進捗状況は生活指導主任にお願いします。(役割分担)

□3　では、次の件についてお願いします。２組の先生、お願いします。

【例3】ケース会議開催を決定する例

☐1　次は××さんです。④が5点、⑧が4点、⑩が
　　2点、合計11点です。（点数）

☐2　算数の学習の遅れが顕著で、あればいいと思
　　う支援は学習支援です。（提案）

☐3　特に算数の時にトラブルが多く、教室を出て
　　いくことがあります。（事実）

☐4　次の時間には帰ってきますが、最近は他の授
　　業の時も落ち着きません。（事実）

☐5　友達への暴言や暴力もあり、友達関係も難し
　　くなっています。（事実）

☐6　兄の友達とのつながりが深く、休日は一緒に
　　遊んでいるようです。（事実）

☐7　注意すると反抗的で、最近は教師に対して暴
　　力をふるうこともありました。（事実）

☐8　かなり追い詰められているのではないかと心
　　配です。（意見）

2組担任

ファシリテーター

☐1　追加で記入が必要なことや気になる情報
　　はありませんか？

☐1 授業中にうちの教室に入ってきて、授業の妨害をします。（事実）

☐2 注意すると逆ギレするので、今は注意できない状態です。（事実）

1組担任

☐1 以前、母親のカウンセリングを担当しました。その時は、母の調子が悪いと××さんも落ち着かなくなる様子が顕著でした。（事実）

管理職

ファシリテーター

☐1 他にどなたか意見はありますか？

☐1 早急にケース会議を開いて、詳細な検討をしたほうがいいですね。（提案）

SC

□1　算数は苦手ですが、本や写真が好きで、特に虫について博士と呼ばれています。（事実）

□2　昨年は自分の好きなこと、得意なことで活躍している間は落ち着いていました。（事実）

□3　休日明けは睡眠不足が顕著で、金曜日には疲れてしまっています。（事実）

□4　放課後デイサービスの利用を検討しては？児童生徒に合った事業所が良いと思います。（提案）

特別支援
コーディネーター

□1　では、ケース会議にて支援を検討していきたいと思います。（方向性）

□2　後ほど、特別支援コーディネーターの先生を中心に日程を決めたいと思いますので、よろしくお願いします。（役割分担）

ファシリテーター

4 ｜ 会議を効果的に進めるポイント

1. 学校の会議の生産性を高めるファシリテーターになろう

　みなさんは、「ファシリテーション」という言葉を聞いたことがあるでしょうか。学校にはたくさんの会議があります。その会議を効率的、効果的に進めていく技術がファシリテーションであり、その技術を使って会議を進行する人をファシリテーターと呼びます。

一般的には、ビジネスや教育、医療、福祉、行政、ボランティア、プライベートなどの私たちの暮らし、社会生活の様々な場面で、人と人が集まって、何かを協働的につくり出す（クリエイトする）場の対話や議論の「進行役」です。

　ファシリテーションには、大きく分けて狭義と広義の2つの意義があります。

狭義
会議や研修、授業、プロジェクトなどで対話や議論を通して合意形成や課題解決をクリエイトする

広義
人はみな、誰もが力を持っているという前提のもと、個や集団の多様性を生かして、エンパワメントでWIN-WIN-WINな「平和な社会」をクリエイトする

　今、学校では「主体的、対話的で深い学び」を進めるためのアクティブラーニングが推進されています。教科書をパラパラとめくってみると「付箋に意見を書いてグループで交流しましょう」「考えたことを話し合い、ホワイトボードに記録しましょう」などのように、自分ひとりで考えるのではなく、校内外にいる多くの他者の意見を集め、思考と対話を深めながら協働的に学びの成果（ゴール）を創出する授業スタイルが求められています。このように正解のない未来に向かって子どもたちが粘り強く意欲的に探究的に学んでいくときには、先生や子どもたちがファシリテーターであることが効果的です。「『令和の日本型学校教育の構築

を目指して─すべての子供たちの可能性を引き出す、個別最適な学びと協働的な学びの実現─（答申）』」（中央教育審議会・2021）でも、学校の教師に求められる資質・能力の1つとして「ファシリテーション能力」があげられました。

　授業と同様に、YOSS の会議を効果的に進める時にも、ファシリテーションは有効です。ここでは、スクリーニング会議や校内チーム会議の効果を高める会議ファシリテーションについて解説します。ファシリテーションは技術ですから、練習をするほどに上手になるため、一緒に学びと練習を進めていきましょう。

2.　まずは会議に潜む課題をチェックしよう！
　YOSS の会議ファシリテーションの説明の前に、まずは現在、行っている学校の会議課題を確認する「会議25のチェックシート」に取り組みましょう。学校にはたくさんの会議がありますが、自分でどれか1つを選んで思い浮かべてください。その会議について、あまり深く考えず、直感的に以下の25項目についてチェックしてみてください。

会議25のチェックシート

身近な会議を1つ思い浮かべ、直感的にチェックしましょう！

☐ 1	会議はいつも時間通りに始まり、時間通りに終わる	(信頼構築)
☐ 2	会議の冒頭、目的（ゴール）を文字で共有している	(意義確認)
☐ 3	席の配置は、意見が出やすいよう工夫している	(会場デザイン)
☐ 4	資料を読み上げるだけでなく、議論と決定がある	(生産性)
☐ 5	最初から結論が決まっているということはない	(創造性)
☐ 6	発言者の偏りはない	(安全管理)
☐ 7	進行役は全員の意見を聞くことを大切にしている	(公平性と承認)
☐ 8	全員に意見を言う機会が用意されている	(場への貢献保障)
☐ 9	場がダラダラしたり、静まらないように工夫している	(設計)
☐ 10	私語はない。眠たそうな人もいない	(環境構成)
☐ 11	話は確実にゴールに向かっている	(進捗管理)
☐ 12	参加者同士が信頼関係を感じあっている	(チームワーク)
☐ 13	新しいアイデアや意見を歓迎する雰囲気がある	(創造性)
☐ 14	会議の決定は尊重される	(意思決定)
☐ 15	会議の決定にみんなが納得している	(合意形成)
☐ 16	会議で決まったことは、ちゃんと実行されている	(実効性)
☐ 17	会議終了後、記録を共有している	(記録の共有)
☐ 18	参加者の間で、言葉の意味を共有できている	(対象者理解・異文化理解)
☐ 19	適度な休憩や笑いがある	(リラックス)
☐ 20	終了時、決定事項と未決定事項を確認している	(到達点の確認)
☐ 21	常にエンドユーザー（最終利益享受者）を意識して進めている	(意義確認)
☐ 22	成果をみんなで共有している	(達成感)
☐ 23	会議の設計図を描いている	(設計)
☐ 24	企画書やレジメが提出されている	(設計)
☐ 25	会議の回数や頻度、長さ、参加人数は適当である	(効率性)

● 「はい」の数

25個〜21個　健康的な会議です。他の人にもチェックをお願いしましょう！

20個〜16個　あとひと工夫です！

15個〜11個　一番、会議疲れを感じています。大丈夫、方法があります。

10個以下　　やれることがイッパイです！　希望をもって進みましょう！

出所：ちょんせいこ（2007）『ひとやまちが元気になるファシリテーター入門講座』解放出版社

　いかがだったでしょうか。以前は、研修や講座で取り組むと「10個以下です」という返答も多かったのですが、最近ではファシリテーションを学んで、参加者全員が協力して会議を進めることによって短時間で効果的な会議が進められるようになり、「15個にチェックをつけることができました」「20個まできました」というフィードバックも返ってくるようになりました。ファシリテーションが普及すると会議の生産性が高まり、日頃の教育活動も充実します。

　このチェックシートは25ものポイントがあるので、まずは、ここから取り組みましょう！という項目について説明します。

①会議はいつも時間通りに始め、時間通りに終わる

　現場は忙しく、児童生徒のトラブルなどがあると遅刻せざるを得ない状況があります。そんな時も、時間がきたら集まったメンバーで可能な議題から話し合いをスタートしましょう。進行をホワイトボードに書いて可視化するなどの工夫をすると、遅れてきた人も合流しやすくなります。また、始まる時に終了時間を確認し、時間内で終わるように協力をします。時間を守ることは人を大切にすることと同義です。続けていると会議に信頼関係が育まれます。

> **会議の時間の目安**
> スクリーニング会議　：　1クラス約15分
> 校内チーム会議　：　1ケース約5〜6分

※クラス数が多い場合は、会議を2回にわけて開催することも可能です。

②会議の冒頭、目的（ゴール）を文字で明確に共有する

　この会議は何のために実施するのか、会議の冒頭に文字でゴールを共有します。また、議題の内容や進め方についても、最初に確認をしましょう。進め方（議題）もホワイトボードに書いておくと、全員が共有しながら進めることができるので、話し合いがゴールから逸れても戻りやすくなります。

YOSSの２つの会議のゴール

スクリーニング会議 ：　潜在的に支援が必要な児童生徒を30%程度ピックアップし、**暫定的な支援の方向性**を**決定**する

校内チーム会議 ：　校内チーム会議にあがった児童生徒について、SSW・養護教諭などの多職種を交えた**複数人で議論**を行い、役割分担や具体的な支援手順も含めて**支援の方向性**を**決定**する

---

③席の配置（会場デザイン）を工夫しよう

　会議はロの字型で進めるという決まりはありません。しかし、多くの会議は慣習的にロの字型で進められます。人と人の距離が遠いことが理由となって発言しにくく、協働的に話し合いを進めにくいデザインです。経験が浅い人、自信のない人ほど発言しにくくなり、多様で複合的な意見が出にくくなります。可能であれば、できるだけ近い位置に座り、チームの一体感を育むことも、会議をうまく進めていく時の大切な要素です。

　まずは、この 3 つから取り組んでみましょう。中には、「なんだこんなことか」と思う人もいるかもしれません。でも、これは会議を効果的に進めるために必要な環境調整の最初の第一歩です。会議の成果が出始めると、これら 3 つは前提となり、意識する必要はなくなります。でも、もし会議がうまく進んでいないと感じる人がいる時や、参加者の発言量に差を生んでいる時、また、新学期が始まったばかりなどの理由でチーム内の関係性が未成熟な時には、まずはこの 3 つから取り組むことをおすすめしています。

　このようなチェックシートに取り組むと、本来めざしている会議の姿が明確になり、「会議をみんなで協力して作っていこう」「成果を上げていこう」というマインドセットが進みます。これは、とても大切なことです。会議は、進行役のファシリテーターが頑張る場ではなく、参加者がサイドワーカーとなり協働しながら、共に対話や議論をクリエイトする場です。全員がファシリテーションを理解し、共通の技術を学んでいるとゴールに向かいやすくなります。良きファシリテーターは、名サイドワーカーでもあるのです。

　研修や会議を通して、全員でファシリテーターやサイドワーカーの練習を繰り返し、会議の進め方を習熟して、子どもや家庭へのサポートの充実を目指しましょう。会議の進行には、ファシリテーター（進行役）とサイドワーカー（参加者）の協力が不可欠です。また、参加者がファシリテーションに習熟しているとファシリテーターの役割はどんどん減り、サイドワーカーが生産的な話し合いの流れを作り出します。話し合いが充実すると、支援も充実し、子どもや家庭へのサポートが届きやすくなります。

会議の充実で支援の充実を一緒に目指しましょう。

3. YOSSにおける2つの会議を効率的に進めるポイント
①全員が会議の目的を共有し、そのための協力を確認します

　それぞれの会議には機能と役割があります。目的が全員の共有知になるまでは、黒板やホワイトボードなど常に目につく場所に会議の名前や目的を可視化しながら進めましょう。話が逸れてしまった時も常に可視化されていると本筋に戻りやすくなります。また、目的に沿った発言が促されます。特に経験年数の浅い人やお互いのことをよく知らない人がひとりでもいる場合は必須です。

②全員が会議の進め方や流れを理解し、まずはフォーマットを参考にして発言をします

> **校内チーム会議の時間配分の例**
>
> 00:00　会議スタート
>
> 00:03　１組の状況共有と支援の方向性と役割分担の決定
>
> 00:18　２組の状況共有と支援の方向性と役割分担の決定
>
> 00:33　３組の状況共有と支援の方向性と役割分担の決定
>
> 00:48　まとめ
>
> 00:50　終了
>
> ＊時間は目安です

> **スクリーニング会議の時間配分の例**
>
> 00:00　会議スタート
>
> 00:02　１組の状況共有と校内チーム会議への抽出の決定
>
> 00:12　２組の状況共有と校内チーム会議への抽出の決定
>
> 00:22　３組の状況共有と校内チーム会議への抽出の決定
>
> 00:32　まとめ
>
> 00:35　終了
>
> ＊時間は目安です

　学級数によって会議時間の長短が変わりますので、上記の時間の目安を参考に、会議の開催を工夫してください。学級数が多い場合は会議の開催を分けるなどします。

うまく進まない会議の症状として「最初は意見が出にくいけれど、後になるほどたくさんの意見が出る」ことがあります。最初は緊張していた参加者が、時間が経つに連れて慣れてきてエンジンがかかり、話が長くなってしまい、会議時間が延長するタイプの会議です。参加者全員でタイムマネジメントを意識しながら進めましょう。最初はうまくいかないかもしれません。しかし、みんなで意識してチャレンジを繰り返すうちに習熟し、会議を進めるリズムとテンポが備わってきます。

③発言の機能を意識します

会議での発言は、いくつかの機能に分かれます。短時間で効果的に進めるためには、機能を意識しながら進めることが必要です。すでに触れましたが、YOSSの会議においても、主に5つの発言の機能を大切にしながら進めると効果的です。

- **事実** … 実際に起こった事柄＝確かめられること
- **意見** … 事実や提案に対する自分の考え＝確かめられないこと
- **提案** … 事実を解決の方向へと導くための具体的なアイデア
- **質問** … 事実や提案、意見に対する質問
- **方向性と役割分担** … 事実や提案、意見、質問などから導き出される解決に向けた方向性と役割分担

〈発言機能の例〉
- 「事実」 実際に起こった事柄で、確かめられることです。
（例）外国から転入後1か月で日本語がわかりません。

（例）他県の学校にいた時は、母語のわかる先生を週に2回、派遣して
　　　もらっていました。

（例）授業はほとんど寝ています。最初は頑張っていたけれど最近は諦
　　　めている様子です。

● 「意見」　事実や提案に対する自分の考えで、確かめられないことです。

（例）このままでは、高校受験（中学進学）につなげていけるのかが心
　　　配です。

（例）本校では初めてのケース。今後、同様の生徒が増えるのでは。受
　　　け入れがとても心配です。

（例）このままでは、不登校につながってしまうのではないでしょうか。

● 「提案」　事実を解決の方向へと導くための具体的な意見やアイデア
　　　　　　のことです。

（例）この学校でも利用できる派遣の仕組みがあれば活用してみてはど
　　　うでしょう。

（例）今、必要な学習を整理して、学習支援が必要だと思います。

（例）ICT端末は使えるのであれば日本語ドリルに取り組んでは？

● 「質問」　事実や提案、意見に関する質問のことです。

（例）何か利用できるサービスや地域資源はないでしょうか。

（例）外国語の先生に協力してもらってもいいですか。

（例）専用アプリで翻訳しながら話すことはしていますか。

● 「方向性と役割分担」　事実や提案、意見、質問などから導き出される
　　　　　　　　　　　　　　解決に向けた方向性と役割分担のことです。
（例）具体的にどんな支援が必要か。生活指導主任を中心に検討します。
（例）○○さんと相談して国語の時間を中心に日本語ドリルに取り組み
　　　ます。
（例）大学生の学習サポートは学校から声をかけます。

　なお、発言の機能を意識することはもちろん大切なことですが、「わ
からない」「知らない」「困っている」ことも大切な事実であり、意見で
す。「わからない」「知らない」「困っている」ことが可視化、共有され
ると「調べましょう」「聞いてみましょう」「サポートしましょう」など
次の展開へと進めることができるため、会議では積極的に伝えるように
してください。
　また、考えてもわからない時は、学びましょう。他校や他市、他県の
実践などの先進事例の中にはヒントがあります。さらに、参加者それぞ
れの専門性や強みを生かした発言にも学びのポイントがたくさんありま
す。
　加えて、教職員や支援者の心のケアや温かいエンパワメントなつなが
りを大切に育むことも大切です。支援の効果が見えない時は、教職員や
支援者の心も冷えてしまいます。そんな時こそ、互いを尊重し、連携と
協働を進めるエンパワメントなつながりを大切に育めるよう、日頃から
つながることが大切です。

5 ｜ 地域資源の情報の集め方〜『地域資源マップ』のすすめ

　スクリーニング会議および校内チーム会議では、**支援の方向性**として〈B：地域資源の活用〉を選択する場合があります。会議を行う前に、「地域資源としてどういったものがあるか」を整理し、『地域資源マップ』を作っておくと良いでしょう。

　児童生徒や家庭への支援を効果的に進めていくためには、学校内外の「地域資源」を可視化、共有しておくことや、日常的につながりをもつことが効果的です。地域には様々な資源があります。NPOや事業所は理念や思いを持って活動しており、その多くは「機会があれば学校に協力をしたい、子どもたちの力になりたい」と考えています。

　教職員は数年で異動するのが一般的ですが、地域資源の多くは長期間地域で活動を続けています。いわば地域資源は「地域のプロ」です。まずは、地域にどんな「社会資源」があるのかを知り、緩やかな関係づくりからスタートしましょう。

　大切なポイントは、「関係づくりは教職員だけが担う仕事にしない」ことです。『総合的な学習』や『総合的な探究』の時間、日常行事やイベントなどで、児童生徒が直接、地域の「社会資源」について学び、つながりづくりを進めるという方法もあります（P.100〜102）。こういった教育活動を展開すると、児童生徒は「ここ知っている」「前にここの人と会ったことがある」という経験を積むことができます。こうした学習活動は、地域の支援力や子どもたちの受援力を高めます。

　「授業」「児童生徒への支援」「地域との関係づくり」がバラバラに進

むと、学校現場の多忙感がさらに増しますが、これらがうまく有機的につながって一体的・統合的に進められていくと、学校内外が上手に力を合わせながら地域との協働を進めていくことが可能になります。

「総合的な学習」や「総合的な探究」の授業のテーマとして 『地域資源マップ』づくりに取り組んでみましょう

5年生授業指導案（8時間）の例

時限	内　　容	留意事項
1	①授業の目的と進め方の説明 ②地域資源の紹介（ICT活用・データ配付） 　□市内の資源マップ 　□地域資源の簡単な紹介 ③個人・あるいはペアやグループで探究テーマを決定	・初年度は教職員が地域資源マップを簡単に紹介 ・次年度以降は前年度作成の資源マップを参考作品として紹介
2	①探究・学習するテーマについて調べる 　□ホームページ 　□チラシやパンフレット ②問いづくりと仮説を立てる	
3	①インタビュー活動（以下より選択） 　□地域資源の方を招いての講演会やワークショップ	
4	□地域資源に出向いての活動体験やインタビュー 　□地域資源の方のお話を録画して動画で共有 ②振り返り	
5	①学んだことをアウトプットする 　□6枚程度のスライドにまとめて発表 　□5分程度の寸劇をつくって演じる	発表の対象者を明確にする 　□校長 　□保護者
6	□国語の授業で地域資源を紹介する作文や新聞の作成	□地域の人 　□来年の5年生
7	□模造紙に資源マップを作成し教室に掲示する ②追加取材	教科融合のカリマネ活用
8	①学習の成果を発表 ②振り返りとお礼状作成	

〈地域資源の例〉
社会福祉協議会・放課後デイサービス・居場所・こども食堂・学習支援・公民館・家庭教育支援・ファミリーサポートセンター・地域の福祉サービス・スポーツチーム・単発の事業・地域人材・NPOなど

授業の導入例

□1　私たちの通う学校や住んでいる地域には、子どもや障がい者、高齢者などを支援する人や団体、場所があります。こういった場所を、「地域資源」と呼びます。みなさんは、「地域資源」をどれくらい知っていますか？

□2　例えば、私たちのまちには、社会福祉協議会という団体があります。ここには、地域福祉のネットワークづくりやボランティア活動の推進を行うセンターがあります。私たちの学校に、貸出用の車イスがあるのを知っていますか？　そこには「社会福祉協議会より寄贈」というシールが貼られていて、運動会でケガをした時などに活用しています。

□3　学校から歩いて10分の○○公民館の調理室では、毎月第4土曜日の夕方に「こども食堂」が開催されています。こども食堂という名前ですが、実は大人も集まって一緒にご飯をつくり食べているそうです。このこども食堂をつくった○○さんはこの学校の卒業生で、「地域に誰もが気軽に楽しく集まれる場をつくりたい」という願いをもって、この活動を仲間のみなさんと進められているそうです。

□4　他にも、放課後児童クラブや学習支援をする大学生のボランティア団体、災害が起こった時の避難所の運営を助ける団体やおじいちゃん、おばあちゃんなど高齢者の方が日中、利用するデイサービスなどたくさんの地域資源があります。資源だから、上手に活用することが大切です。

　学習の成果を整理して、YOSSの会議などで活用しましょう。児童生徒も教職員も地域資源を知り、関係づくりを進めていくことがポイントです。

　YOSSの会議の際に黒板に『地域資源マップ』を掲示し、これを見ながら進めたり、タブレットで共有しながら進めるなど、可視化する工夫をすることで会議が効率的・効果的に進みます。また、身近な校内の資源も可視化しておくことも有用です。

（第5章執筆協力者：（株）ひとまち　ちょんせいこ氏）

第6章

よくある質問（Q＆A）

よくあるご質問にお答えします

■スクリーニングシートへの記入について

 チェックシートは日々更新していくものでしょうか？

 日々更新する必要はございません。シートは年3回程度の記入を推奨しています。

 直感でシートを記入しようとすると、項目に当てはまらない児童生徒が出てきます。どのように対応すべきでしょうか？

 シート記入時は児童生徒の「具体的なエピソード」を考え、どの項目に当てはまるかを検討しましょう。

 「その他」の例を教えてください。

 例としては「(水筒が家庭から用意できず) 水をもらいにくる子」「登校班のこと」「昼休み一人で遊んでいる」などです。学校単位で気になることを設定していることが多いです。

分担はどのように決めればよいでしょうか？

 役割はシートの上段に記載されておりますのでご参考にしてください。

 自分の担当外の項目についても記入をしてよいでしょうか？

 内容を把握されているようでしたらご記入いただいて構いません。

 特別支援学級の児童生徒について、どの教職員が記入をすべきでしょうか？

 特に決まりはありませんので、教職員間で話し合い決定してください。
記入後はスクリーニング会議で認識の齟齬がないかを話し合いましょう。

 欠席日数について、その学期のみと累計どちらを記入すべきでしょうか？

 累計の欠席日数を記入してください。

中学校でシートを記入する際は、その児童生徒の小学校時代の欠席日数も記入が必要でしょうか？

 在籍していた小学校からの申し送りに不登校履歴があれば、チェックをしてください。

 支援の方向性が「〈A校内チーム支援〉①担任のアプローチ」の場合、ほとんどの児童があてはまるのではないでしょうか？

 普段とは異なるアプローチが必要な場合にチェックを入れてください。

 担任ではないが、参加してほしい教職員がスクリーニング会議などに参加できない場合、どうしたらよいでしょうか？

 その教職員に、シート記入だけでも依頼をしてください。記入内容を参考に会議で議論を行いましょう。

 アレルギー対応が必要な児童生徒のチェック項目について教えてください。

 「㉓健康（う歯・疾病）」に2を記入してください。

自傷行為がある児童生徒のチェック項目について教えてください。

「学校適応・問題行動」の「⑩その他」に項目を作成し記入してください。

■スクリーニング会議について

スクリーニング会議のファシリテーターは誰が担えばいいでしょうか？

学年主任（生徒指導・教育相談）等が主導することを推奨しています。
SSWが参加する際は、SSWがその役割を担うのもいいでしょう。
また、山野研究室ではYOSSマイスター養成講座を実施し、ファシリテート力向上のための研修を行っています。
　　　　　　＊詳しくは研究室までお問い合わせください。

合計点が高い児童生徒を優先して対応してしまいそうです。

出席番号順に上から順番に全員みていくことが重要です。担任だけでなく複数の先生同士で話し合いましょう。

校内チーム会議にあげる閾値を6ポイントとしましたが、5ポイントのため校内チーム会議にあがらない児童生徒について、どのように対応すべきでしょうか？

 スクリーニング会議では、たとえ閾値を超えていない児童生徒でも、気になる点があれば積極的に校内チーム会議にあげましょう。

 シート上は0点なので一見問題なさそうだが、どこか気になる児童生徒がいる場合、どのように対応すればよいでしょうか？

 スクリーニング会議で具体的に気になるポイントを話し合いましょう。
そのポイントがシートの項目に当てはまるようであれば加点します。
当てはまらない場合は、気になるポイントを備考欄に記入しておきます。
議論をしても何が問題なのか明確にならない場合は、校内チーム会議にあげ、支援を検討してください。

 スクリーニング会議の時間が短いので、教職員から
「もっと児童生徒について話したい」
「時間が限られているので端的に説明をするのが難しい」
という意見がありました。

 最初は難しいかもしれません。
しかし、だんだんと話すポイントが明確化してきます。
会議時間を意識して、継続してください。

養護教諭や特別支援コーディネーターはどの段階で入っていただくべきでしょうか？

 可能であればスクリーニング会議から参加し、様々な観点から発言してもらいましょう。
担任の気づかなかった一面が観られることもよくあります。

 会議に参加しているメンバーの認識のズレをすり合わせることが難しいです。

 スクリーニング会議では答えをひとつに絞る必要はありません。
むしろ色々な意見を引き出せるよう議論を行ってください。

 該当児童生徒の担任ではない教職員が発言をすると、担任が責められていると感じるのではないかと懸念しています。

 YOSSの目的のひとつは、教職員が一人で抱え込むことを防ぎ、学校全体で児童生徒のことを考えることです。
そのことを教職員全体に共有し、教職員間で積極的に意見交換を行うことに意義があります。

 3割の子どもを校内チーム会議にあげるというのは、すでにいろいろな支援につながっている子も入るのでしょうか？

 はい。3割には、要対協登録児童など、すでに支援につながっていたり支援の方向性が決定している児童生徒も含まれます。
スクリーニング会議では、この児童生徒も対象児童生徒として校内チーム会議にあげます。

2回目以降、マンネリ化してしまいそうです。

 2回目以降は、それまでの結果の振り返りと、改善されたポイントについても話し合ってください。
児童生徒にポジティブな変化が表れていればそれを教職員の皆さんで共有しましょう。

 暫定的な支援の方向性ABC を決定する際、地域資源の情報が不足していると〈B地域資源〉の方向性が示せず、結局、担任が対応せざるを得ないという事態にならないでしょうか？

 学校では気づけていない地域資源がある場合もあります。
また、地域資源がない場合は「つくっていく」という視点も重要で、それを検討していけるのも YOSS の大きな特徴です。

 医療機関へつなぐ児童生徒の**支援の方向性**は〈C専門機関の活用〉でしょうか？

 はい、〈C専門機関の活用〉でよいです。

■校内チーム会議について

 校内チーム会議では何を中心に話せばよいでしょうか。

 個々の児童生徒の支援方針を詳細に検討し、誰が何を行うのか役割分担を明確化し共有します。

 校内チーム会議は学年ごとに実施するものですか？

 該当児童生徒に兄弟がいる場合は、学年ごとではなく、兄弟セットで会議をする場合もあります。

 月1回の子ども支援会議を校内チーム会議に置き換えてもよいでしょうか？

 はい。新たな会議を開催する必要はなく、既存の会議に置き換えていただいて問題ありません。

 校内チーム会議にたくさん児童生徒があがると時間が足りません。

 要保護児童対策地域協議会ケースなど、すでに学校外とつながっている児童生徒や、他の会議であがっている児童生徒は外し、その会議で初めてあがった児童生徒について話すなどの工夫をするとよいでしょう。

スクリーニング会議で30%ピックアップすることを目標とすると、校内チーム会議に60名あげることとなり、校内チーム会議に約10時間かかることになってしまいます。

 〈C専門機関の活用〉の児童生徒は個別のケース会議で検討しているはずのため、校内チーム会議では扱わない方針とすれば、議論対象の母数が減ります。
議論対象を暫定的に〈B地域資源の活用〉と決定した児童生徒に限定してもよいです。

 支援の方向性が〈B地域資源の活用〉、〈C専門機関の活用〉であったとしても、教職員の関与は必要だと思います。
教員の負担が懸念されます。

 校内チーム会議は地域資源や専門機関にどのようにつなぐか、を中心に議論してください。
教員がすべてに関与しなければならないわけではありません。
だからこそ校内チーム会議の場で役割分担を明確にする必要があります。

■地域資源を活用した支援について

地域資源について、どのような支援団体、支援場所があるのか分かりません。

SSWが地域資源を一覧にまとめている場合が多いので、まずはSSWに相談してみましょう。

また、社会福祉協議会や公民館、社会教育団体に問い合わせると追加情報の収集が可能です。

さらに、特定の支援団体や支援場所にこだわる必要はありません。

地域コミュニティのメンバー（例えば地域の住民）も重要な資源として考慮すべきです。特に、社会教育部門に属する活動団体は、子どもを対象とした支援活動を数多く行っており、これらの団体も有効な資源となり得ます。

地域資源には、どのようにつなげればよいでしょうか？

教員がチラシ・パンフレットなどを用いて地域資源の情報を児童生徒や保護者に紹介してください。

また、教員からSSWにつなげ、SSWが児童生徒や保護者に関与し、紹介するのも有効です。

注意点としては、連携先に児童生徒の個人情報は伝えないようにしてください。

地域資源につなげることで、地域の方々への対応など、教職員がさらに忙しくなることを懸念しています。

 教員だけが丸抱えするのではなく、ぜひ専門職も有効活用しましょう。
特に地域資源に関与することはSSWの専門分野でもあります。
チーム学校として協働して子どもを支援できる体制をつくりましょう。

おわりに

　福祉の第一線の行政機関といわれる福祉事務所において児童福祉の業務を担いながら、1994年「教師へのメッセージ：ひとりでかかえこまないで」をキャッチコピーにして「子ども相談システムを考える会」を立ち上げました。そこでは、地元の家庭児童相談員や教師、教育センター心理相談員など、支援にかかわる多職種の方々とともに、学校における全数把握という考え方を基にしたネットワークによる支援の方策について検討してきました。その後、この方法が関西に広がり、大阪発の実践として1つ形としてスクールソーシャルワークの制度が形成されたのが2005年、今から20年前のことでした。

　その頃から見えない子どもの貧困は課題であり、人材や資源の投与に関して問うだけではなく、すべての子どもを把握できる「学校」を新しい概念でとらえる発想から、試行錯誤し、生まれた仕組みが「学校版スクリーニング」でした。

　そして2019年、学校版スクリーニング『YOSS (Yamano Osaka Screening System)』が商標登録され、2022年には、パナソニックコネクト株式会社様の協力によって「YOSSクラウドサービス」が誕生し、全国の小中学校・高校などの教育現場への提供を開始しました。また、2023年には、この商品がグッドデザイン賞を受賞することとなりました。「多様性が声高に叫ばれる中、多様性の包摂への取り組みは想像しているよりもずっと少ない。短期的にみれば、手間がかかるし、考慮し

なくてはいけない要素も広がる一方で、ビジネスモデルは確立していないからだ」と多様性への包摂的な取組として評価されたものでした。様々にご尽力くださいましたパナソニックコネクト様に感謝の意を表します。

　スクリーニング会議、校内チーム会議という2つの会議を効果的に運営するには、「ファシリテーター」の力量が不可欠である、という観点からファシリテーターの養成に長年ご尽力されている（株）ひとまちちょんせいこ様にもお声掛けをし、YOSSマイスター養成講座、そしてこの本の執筆に快く執筆のご協力をいただけましたことはYOSSの発展にとっては大きな成果でありました。ちょんせいこ様に改めてお礼を申し上げます。

　そして2018年から始めた学校版スクリーニング事業の実証にご協力いただいた自治体の皆様、そしてYOSSの活用に取り組んでくださっている先生方、SSWやSCなど学校における専門職や職員、関係する福祉や社会福祉協議会の職員の皆様に心から感謝申し上げます。

　研究室が2023年度から開催したYOSS活用ZOOM定例研修会で、いろんなご意見やご質問を投げかけていただき、それらへのお答えがこの本に反映されたものであると思っています。

　大阪狭山市教育委員会様、そして大阪狭山市立小中学校の先生方にも多大なご尽力をいただきました。本書とセットでご活用いただく動画制作についても、学期末のお忙しいなか様々な職種の先生方にお集まりいただきました。ユーモアを生かした和やかな雰囲気で動画制作に臨んでいただき、先生方のチームワークこそが子どもたちを救う第一歩であることを再認識した時間でもありました。本当にありがとうございました。

そして陰となり日向となってスクリーニング事業を支えてくださっている山野研究室に関与してくださっているスタッフの皆様に謝意を表します。

　今、大阪府や大阪市含む府内自治体からの委託を受けた子どもの生活に関する実態調査報告書の作成作業が山場を迎えています。子どもたちのために、学校版スクリーニングYOSSを基盤とし、学校、地域、専門機関をつなげ、そして学校の先生方、スクールソーシャルワーカー、スクールカウンセラーがつながり、学校内の組織づくりから、その先の社会の仕組みづくりへと展開できるよう努力してまいりたいと思います。

2024年3月吉日

山野　則子

●監修者略歴
山野 則子（やまの・のりこ）
大阪公立大学現代システム科学研究科教授。博士（人間福祉）。日本学術会議連携会員。日本学術振興会学術システム研究センター専門研究員（PO）。内閣府子どもの貧困対策に関する検討会構成員、孤独・孤立対策の重点計画に関する有識者会議構成員、厚生労働省社会保障審議会児童部会委員、文部科学省第9期中央教育審議会委員、デジタル庁こどもに関する各種データの連携に係るガイドライン策定検討委員会委員、こども家庭庁こどもの貧困対策・ひとり親家庭支援部会委員などを歴任。大阪府教育委員会ほかスクールソーシャルワーカー・スーパーバイザー。主な著書に、『スクールソーシャルワーク　ハンドブック』（監修、明石書店、2020）、『子どもの貧困調査』（編著、明石書店、2019）、『学校プラットフォーム』（単著、有斐閣、2018）、『エビデンスに基づく効果的なスクールソーシャルワーク』（編著、明石書店、2015）、『よくわかるスクールソーシャルワーク』（共編著、ミネルヴァ書房、2012）、『子ども虐待を防ぐ市町村ネットワークとソーシャルワーク』（単著、明石書店、2009）、『スクールソーシャルワークの可能性』（共編著、ミネルヴァ書房、2007）など。

●著者略歴
三枝 まり（さいくさ・まり）
社会福祉士、精神保健福祉士、スクールソーシャルワーク教育課程修了、修士（社会福祉学）。大阪府立大学大学院博士後期課程在学中。不登校・メンタルヘルス相談支援「Marble Door」運営人。主な論文に、「不登校児童生徒の身体的健康と学校健康診断」（『人間社会学研究集録』14、2019）、「民間フリースクールによるソーシャルアクション事例の検討」（『青少年教育振興機構青少年教育研究センター紀要』11、共著論文、2023）など。

木下 昌美（きのした・まさみ）
社会福祉士、公認心理師、修士（社会福祉学）。大阪府立大学大学院人間社会システム科学研究科修了。大阪公立大学現代システム科学研究科プロジェクトコーディネーター。

学校版スクリーニング YOSS 実践ガイド
—— 児童生徒理解とチーム学校の実現に向けて

2024 年 4 月 25 日　初版第 1 刷発行

監 修 者	山	野	則	子	
著 者	三	枝	ま	り	
	木	下	昌	美	
発 行 者	大	江	道	雅	
発 行 所	株式会社　明石書店				

〒 101-0021　東京都千代田区外神田 6-9-5
電　話　03 (5818) 1171
ＦＡＸ　03 (5818) 1174
振　替　00100-7-24505
https://www.akashi.co.jp/

装丁　　　　　谷川のりこ
印刷・製本　モリモト印刷株式会社

スクールソーシャルワークハンドブック

実践・政策・研究

キャロル・リッペイ・マサット ほか 編著

山野則子 監修

■B5判／上製／640頁 ◎20000円

米国で長くスクールソーシャルワークのための不朽の教科書と評価されてきた基本図書。エビデンスに基づく実践だけでなく、学校組織や政策との関連、マクロ実践まで豊富な事例と内容から論じ、これからのソーシャルワークの実践と教育には欠かせない必読書である。

子どもの貧困調査

子どもの生活に関する実態調査から見えてきたもの

山野則子 編著

◎2800円

エビデンスに基づく効果的なスクールソーシャルワーク

現場で使える教育行政との協働プログラム

山野則子 編著

◎2600円

ダイレクト・ソーシャルワーク ハンドブック

対人援助の理論と技術

ディーン・H・ヘプワース、ロナルド・H・ルーニーほか著

武田信子監修　山野則子、澁谷昌史、平野直己ほか監訳

◎25000円

スクールソーシャルワーク実践スタンダード

実践の質を保証するためのガイドライン

馬場幸子著

◎2000円

学校現場で役立つ「問題解決型ケース会議」活用ハンドブック

チームで子どもの問題に取り組むために

馬場幸子編著

◎2200円

「チーム学校」を実現するスクールソーシャルワーク

理論と実践をつなぐメゾ・アプローチの展開

大塚美和子、西野緑、峯本耕治編著

◎2200円

子ども虐待とスクールソーシャルワーク

チーム学校を基盤とする「育む環境」の創造

西野緑著

◎3500円

小児期の逆境的体験と保護的体験

子どもの脳・行動・発達に及ぼす影響とレジリエンス

J・ヘイズ＝グルードほか著　菅原ますみほか監訳

◎4200円

〈価格は本体価格です〉